# MERLINA

UNA COMPAÑERA
DE CLASE MUY ESPECIAL

Título original: *Streghetta. Una strana compagna di banco*
Texto de Gisella Laterza

Una historia de Book on a Tree
www.bookonatree.com
Ilustraciones de Stefano Tambellini


ISBN: 978-84-18538-82-7
Código IBIC: YF
Depósito legal: B 9.388-2022


Primera edición: octubre de 2022
Duomo ediciones es un sello de Antonio Vallardi Editore S.u.r.l.
www.duomoediciones.com

Gruppo editoriale Mauri Spagnol S.p.A.
www.maurispagnol.it

Diseño gráfico: Giulia Voltini
Maquetación: Endoradisseny
Impreso en Grafica Veneta S.p.A., Italia

**GISELLA LATERZA**

# MERLINA

Ilustraciones de Stefano Tambellini

Traducción de Marta Gil Santacana

Duomo ediciones

# CAPÍTULO 1

## Casas raras y niñas boca abajo

En el pequeño pueblo de Villaclara, todo el mundo repetía sin cesar: «Aquí no pasa nunca nada de nada». A los señores Donato siempre les gustaba repetir a vecinos y amigos: «Es un lugar realmente perfecto para criar a los niños. ¡Tan seguro, tan tranquilo!».

Imaginaos su sorpresa cuando, de la noche a la mañana, apareció una casa. Enterita. De la nada.

No había ni el más mínimo rastro de un albañil o de un cartel, y sin embargo ahí estaba, justo en la entrada del valle, donde el río dibujaba un meandro para ir a desembocar al mar. La casa había aparecido justo en la orilla opuesta a la de la familia Donato.

—Lucía, ¿esa casa siempre ha estado ahí? —preguntó el señor Donato.

—¿Ahí dónde, Manuel? —respondió amablemente su mujer, mientras leía el periódico.

—En la otra orilla. ¿La ves? —continuó el señor Donato, limpiándose las gafas con la camisa.

También Paula miró por la ventana y la vio.

Era una casa de tres plantas, con un aspecto un poco raro. Por todas partes brotaban chimeneas y pequeñas torres, y componía una estructura más bien extravagante. Ventanas de todas las formas y dimensiones se abrían aquí y allá como ojos de una cara curiosa. Los muros eran de piedra oscura, ennegrecida por el tiempo. La casa no parecía muy estable. Era como una bailarina que tras una pirueta en el aire hubiera aterrizado en el suelo medio torcida, y aun así sonriente.

—Parece un castillo —dijo Paula.

—A saber quién vive ahí —comentó su madre.

—Francamente, no creo que en esa casa pueda vivir nadie —murmuró su padre—. De todos modos, juraría que ayer no estaba.

—Quizá antes quedaba oculta tras los árboles

y no nos habíamos fijado en ella —dijo su madre.

—Sea como sea, Paula —intervino su padre, que se había recolocado las gafas sobre el puente de la nariz—, date prisa o llegarás tarde al colegio.

La niña cogió el periódico y salió de casa mientras sus padres seguían hablando de los nuevos vecinos. Tomó el caminito que conducía a la entrada y cerró la verja al salir. Ahí esperó el autobús, que pasó poco después.

El conductor la saludó como cada mañana y se puso de nuevo en marcha. Avanzó en paralelo al río y luego giró por la calle que conducía a la plaza del pueblo. Pasó el quiosco y la floristería, y finalmente llegó al colegio.

Paula estaba de mal humor. Sus amigas de toda la vida, Isabel y Sofía, estaban en la clase A. Mientras que ella iba a la clase B. Hacía años que en Villaclara no había una clase B. Era evidente que se trataba de un complot para separarlas. Una injusticia. Siempre habían ido juntas. Y ahora, en cambio, Paula había acabado con esa antipática de Anabel y el mentecato de su hermano.

Solo podía estar con sus amigas los cinco minutos antes de que sonara el timbre, y a veces incluso menos.

Pero ese día, cuando llegó al colegio, aún no estaban y aunque el timbre todavía no había sonado, la señora Julia la hizo entrar. La conserje siempre parecía estar de mal humor y era muy seca, pero Paula había conseguido tener una relación especial con ella desde que había cogido la costumbre de llevarle el periódico cada mañana.

Paula entró en clase y se sentó en su sitio, al lado de la ventana. Sacó los cuadernos y lápices de la mochila, y los ordenó por longitud y color. Luego se arregló la diadema sobre su pelo castaño.

Miró al exterior y vio que alguien la observaba.

—Hola —dijo ese alguien—. ¿Me dejas entrar?

Al otro lado del cristal, había una niña colgada de quién sabe dónde balanceándose boca abajo y mirando fijamente a Paula con sus grandes y sonrientes ojos azules. Con un movimiento elegante, dio media vuelta y aterrizó de pie sobre la cornisa, suspendida en el vacío.

Paula nunca había visto a una niña mantenerse en equilibrio sobre la cornisa. Ni tampoco había visto nunca a esa niña. La recién llegada tenía una melena de rizos negros y rebeldes que apuntaban en todas direcciones. Llevaba un vestido largo de color violeta, que le iba más bien grande, y una capa que le cubría los hombros y era del mismo color, con algunos parches rojos aquí y allá. También lucía algunas pulseras brillantes en la muñeca. Detrás de la oreja, llevaba un bolígrafo con el tapón en forma de estrella.

Paula se quedó tan sorprendida que le abrió la ventana.

La desconocida entró como el viento.

—¡Muchas gracias! —dijo con entusiasmo—. Soy Merlina.

# CAPÍTULO 2

## Mágico cambio de color

—¿Pero cómo lo has hecho? —balbuceó Paula, tan sorprendida que ni siquiera se presentó.

Por suerte, la clase aún estaba vacía. Solo había algunos compañeros en el pasillo aprovechando para hablar un ratito antes de entrar.

Merlina pareció igual de sorprendida.

—¿Cómo he hecho *el qué*?

—¡Has entrado *por la ventana*! —exclamó Paula.

—¿Y qué, está prohibido? —contestó la otra—. A mí me parece lo más lógico si aterrizas en el tejado.

—¿Que has aterrizado, dices? ¿En el tejado?

—Ah, ya lo entiendo. Ya veo que tampoco se entra por el tejado. Vaya, ¿he vuelto a meter la pata? Mamá se va enfadar muchísimo… ¿Pero cómo podía saber yo que…? —continuó Merlina, y luego murmuró—: Perdona, de donde yo vengo, las cosas son un poco distintas. Prometo que no entraré más por el tejado si aquí no se hace. Pero no se lo digas a nadie, ¿de acuerdo? Sobre todo a mi mamá, o me meteré en un buen lío. ¿Me lo prometes? —Y le tendió la mano con el meñique levantado.

Paula no había comprendido muy bien la situación ni tampoco las alusiones al origen de esa niña. Pero un meñique levantado implicaba una promesa, y eso era lenguaje universal.

—Te lo prometo. Me llamo Paula —respondió, entrelazando su meñique con el de Merlina—. Pero luego, cuando no haya nadie, me explicas cómo lo has hecho, ¿vale?

—Si me guardas el secreto —susurró la otra. Y miró a Paula con sus grandes ojos verdes, curiosos y brillantes.

Al verlos, Paula se sobresaltó.

—Tus ojos… Hace solo un momento eran azules.

—¿Y ahora no?

—Ahora parecen verdes…

—¡Anda! —exclamó Merlina—. Mi papá también me lo dice, que me cambian de color de vez en cuando. ¿A ti no te pasa?

Paula no tuvo tiempo de responder porque de repente sonó el timbre.

Todos los alumnos se sentaron en sus pupitres. Merlina se quedó parada y Paula le echó un cable:

—Siéntate aquí, a mi lado. Elisa no ha venido hoy.

Merlina asintió, hizo lo que Paula le había sugerido y observó con curiosidad los lápices que había encima de la mesa.

—¿Y esto para qué es? —preguntó.

—Para coger mis apuntes.

—¿Y los cazas con esto?

—No estaría mal. Hablas como si no hubieras pisado un colegio en tu vida —le comentó Paula—. Escucha. De ahora en adelante, tú haz lo mismo que yo.

Merlina suspiró aliviada.

—Qué suerte haberte encontrado. Gracias por la ayuda. Menos mal que estás tú, que me explicarás cómo va todo.

Paula se sonrojó.

—Ya ves.

—No pensaba que fuera a conocer a alguien ya el primer día, ¿sabes? —continuó Merlina—. No suelo ser muy hábil con los seres huma…, con las PERSONAS. Pero ya verás cómo mejoro. Mientras tanto, muchas gracias. Si mi mamá me deja, hoy te invito a mi casa.

—¿Dónde vives?

—En Villa Applepot. Nos hemos trasladado esta misma noche con toda la casa. Está en la entrada del valle, donde el río dibuja un meandro antes de desembocar al mar.

—Ah, sí. La casa nueva, la que ha aparecido esta

noche —dijo Paula, con toda la tranquilidad de la que fue capaz.

—Exacto —respondió Merlina.

Después de eso, ¿qué más podía ocurrir?

# CAPÍTULO 3

## ¿Vosotros no peináis a los murciélagos?

Empezó a llover. Una lluvia ligera y fresca, como la que suele caer en los días de otoño. Paula suspiró. En clase no se oía ni el vuelo de una mosca.

—¿Por qué están tan callados? —preguntó Merlina en voz alta.

—A primera hora tenemos a Elvira, la subdirectora —le explicó Paula susurrándoselo al oído con prudencia.

Desde el pupitre de atrás llegó la voz aguda de Anabel:

—¿Y tú de dónde has salido?

Paula y Merlina se giraron. Anabel se estaba poniendo bálsamo labial. Luego examinó a Merlina con aire de superioridad.

—¿Qué te has hecho en el pelo? ¿Te ha caído un rayo en la cabeza?

Merlina respondió alegremente:

—Sí, dos veces, pero luego conseguimos hablar un ratito, como personas civilizadas.

Paula tuvo que hacer un esfuerzo para contener la risa. Nadie contestaba de esa manera a Anabel, la hija del director. Eso sí que era toda una novedad. Roberto, su hermano, alto, corpulento y lento, se quedó pasmado y fue incapaz de decir nada.

En la puerta había aparecido una mujer alta y delgada con unas gafas de montura fina de color marfil y un vestido largo de color rojo. Sus ojos, de un tono grisáceo, le daban una expresión implacable.

—Hoy tenemos con nosotros a una alumna nueva. ¿Merlina Applepot? —Su fría mirada recorrió la clase hasta que dio con los únicos ojos que no conocía—. Soy Elvira, la maestra. Doy clases de lengua, historia y geografía, y soy la subdirectora de este colegio. Levántate y ven aquí. Preséntate a tus compañeros.

Merlina se levantó y se colocó obedientemente al lado de la mesa de la maestra, en posición de firmes como si fuera un soldado. Esperó callada.

—Cuéntanos algo de ti —la apremió la maestra.

Ella cogió aire y dijo de un tirón:

—Hola a todos, me llamo Merlina Applepot, tengo once años, voy a sexto y me encanta volar…, quiero decir…, *tomar apuntes*.

La maestra alzó una ceja.

—Eso está muy bien. ¿Quieres hablarnos de tu familia? ¿Os habéis mudado hace poco?

—Mi casa llegó ayer por la tarde. Con nosotros dentro, claro está. Mi mamá se llama Fiona Pudding porque quiere conservar su apellido de soltera, aunque esté casada. Es exploradora y viaja día y noche en busca de objetos mágicos..., quiero decir..., *magníficos*, que luego vende en el Mercado del Miércoles. Mi padre se llama Teodoro Applepot, es un excelentisísimo cocinero que sabe hacer de todo, pero su TARTA DE MANZANA APPLEPOT está RIQUÍSIMA.

—¿Y qué hay de ti? —continuó la maestra—. ¿Te apetece contarnos algo sobre ti, algo que te guste hacer?

Merlina respondió sin dudar un segundo:

—¡*Me encanta* peinar a los murciélagos cada mañana!

Sus compañeros de clase se quedaron en silencio. Alguno se rio entre dientes. Algún otro tosió y movió en círculos el dedo índice a la altura de la sien, como dejando entender: esta está como un cencerro. Algunos miraron hacia fuera, donde la lluvia empezaba a caer con más fuerza. La maestra abrió unos ojos como platos tras los cristales de las gafas.

—Vaya, tenemos una compañera bromista. Muy bien. Vuelve a tu sitio.

Merlina volvió a sentarse en su silla y susurró a Paula:

—No era broma. ¿Vosotros no peináis a los murciélagos por la mañana?

—Ni por la mañana ni por la noche —murmuró su compañera de pupitre—. Y será mejor que no vuelvas a decirlo. La última vez que la subdirectora se rio debió ser en tiempos de la Segunda Guerra Mundial.

—¡Las dos de primera fila, silencio! —gritó la maestra.

Durante el resto de la clase, Merlina trató de hacer exactamente lo mismo que Paula. Pero fue un desastre detrás de otro. Intentó abrir el libro y arrancó una página sin querer. Trató de tomar apuntes y rayó el pupitre. Consiguió escribir en un papel, pero este salió disparado y se deslizó hasta la ranura de la puerta. Levantó la mano para hacer una pregunta y se le escapó un estornudo tan fuerte que hasta la maestra saltó de la silla.

Al final, la subdirectora dijo:

—Merlina Applepot, ya sé que el primer día de colegio es complicado. Pero debo decirte que la semana que viene tendrás que superar un examen de todas las materias si quieres seguir en esta clase.

Si no lo superas, te cambiaremos a otra. Así que prepárate.

Acababa de terminar la frase cuando sonó el timbre que anunciaba el descanso entre clases.

Paula preguntó, preocupada:

—¿Y qué vas a hacer?

—¿Con la *examinación*? —quiso saber Merlina. Parecía encantada mirando la lluvia que caía fuera.

—«El examen» —la corrigió su amiga—. Tendrás que preparártelo bien.

Los ojos de Merlina cambiaron de color hasta siete veces.

—Si quieres —se ofreció Paula—, puedo ayudarte.

Los ojos de Merlina cambiaron a un alegre tono rosa.

—¡GRACIAS!

Paula suspiró y cogió el desayuno de la mochila.

En ese momento llegó Roberto. Se plantó en primera fila con los brazos en jarras al estilo portero de discoteca, examinó a Merlina y le preguntó en tono amenazador:

—Así que te gusta peinar a los murciélagos, ¿eh?

La muchacha contestó sin pensárselo dos veces:

—¡Sí, mucho! ¿Y a ti?

Roberto se balanceó sobre sus pies.

—¿Me estás preguntando si me gusta peinar a los murciélagos?

—Sí, ¿qué pasa? Hay quien prefiere las arañas, pero tú tienes pinta de que te gustan los murciélagos, te lo digo yo —contestó Merlina, tranquilamente.

Paula hizo el gesto de levantarse para llevársela de allí.

—Lo siento, Roberto. Es nueva. Aún está aprendiendo cómo funcionan las cosas aquí.

—¡Tú calla! —gritó Roberto, haciendo volar por los aires los lápices del pupitre. Luego cogió su desayuno y se lo tragó de un solo bocado, con una expresión de triunfo pintada en la cara.

Paula soltó un resoplido y empezó a recoger sus lápices —no era la primera vez que ocurría algo así—, cuando vio a Roberto boquiabierto y con unos ojos como platos.

Y…

Entonces descubrió por qué. Roberto tenía los dientes de color azul y, aparentemente, le dolían muchísimo. El chico se agarró la garganta como si se estuviera ahogando, empezó a respirar de nuevo y sus dientes volvieron a la normalidad, como si nada hubiera pasado.

Paula se sentó. Estaba segura de lo que había visto. Y parecía que Roberto también era consciente de que algo había ocurrido.

Aunque quizá pensaba que solo se había atragantado con la comida.

En cualquier caso, el chico se alejó con un aire un poco confuso e inusualmente callado.

Paula miró a su nueva amiga. Vio que tenía los ojos rojos como el fuego.

—¿Merlina?

Lentamente, los ojos volvieron a su habitual color azul.

—Me parece —dijo Paula, prudente— que se lo ha buscado.

—Mmm, mmm… —replicó Merlina.

Ni una sola palabra más.

Y la ayudó a recoger los últimos lápices que quedaban por el suelo.

# CAPÍTULO 4

## Una tormenta de matemáticas

Llegó la hora de la clase de matemáticas. Liliana, la maestra, era joven y dulce. Era pequeña de estatura y, al sonreír, se le marcaban unos hoyuelos. Era amable y cariñosa, y se paseaba por entre los pupitres para supervisar el trabajo de los chicos y las chicas.

Sin embargo, no se dio cuenta de que Anabel llevaba toda la clase escondiendo en el pelo de Merlina un bolígrafo, una bolita de papel y una goma de borrar. Y cuando iba a enredarle el compás, Merlina soltó, molesta:

—¿Por qué lo haces?

—Porque me he apostado con mi hermano que dentro de tus rizos podía meterse cualquier cosa. Y he ganado.

Roberto, a su lado, puso una sonrisita estúpida. Pero no mostró los dientes.

Merlina no contestó, aunque sus ojos refulgieron. Paula le puso una mano en la muñeca, para mostrarle algo que había escrito en la pizarra, y sintió que estaba fría como un témpano de hielo.

—Olvídalo —le susurró.

En ese momento, la maestra pidió a Anabel que saliera a la pizarra a resolver un problema.

—¿Has visto? —susurró Paula—. Parece que la justicia existe en este mundo.

Todos sabían que Anabel no tenía ni la más remota idea de cómo resolver el problema, pero la chica no perdió la oportunidad de hacer ondear al viento su perfecta melena un par de veces. Ni tampoco de coger una tiza y escribir letras y números con una caligrafía elegantísima y muy cuidada.

—Bonita…, ¿se puede saber qué estás escribiendo? —preguntó la maestra.

Y en ese preciso momento las puntas del pelo de Anabel empezaron a arder.

La chica gritó, la maestra saltó de la silla y los compañeros de primera fila salieron disparados.

El fuego desapareció en un abrir y cerrar de ojos, y dejó una nube de humo. Todo volvió a la normalidad. Excepto por el ligero olor a chamusquina que quedó suspendido en el aire y por las puntas del pelo de Anabel, que quedaron requemadas como carboncillos.

Paula clavó los ojos en Merlina, pero ella estaba mirando por la ventana, como si no se hubiera percatado de nada.

—¿Has visto eso? —le preguntó.

—¿El qué? —preguntó Merlina. Tenía la voz temblorosa.

La hija del director se tocó el pelo incrédula. Tiró la tiza al suelo y salió corriendo de la clase.

Muchos se echaron a reír.

Roberto agarró a Merlina por un hombro.

—Has sido tú. ¡Te he visto!

—¿A mí? —preguntó Merlina, sacudiendo la cabeza enérgicamente—. Yo no…

Roberto le dio un empujón y luego le dijo a Paula:

—No sé cómo lo ha hecho, pero tú también lo has visto, ¡admítelo!

Paula justo iba a responder cuando se oyó un trueno ensordecedor y la lluvia empezó a repiquetear con fuerza en el cristal de la ventana.

—¡Menudo trueno! —exclamó alguien, y no había terminado la frase cuando el viento abrió la ventana y empezó a entrar agua a raudales en la clase.

Algunos gritaban sorprendidos, otros estaban aterrorizados. Algunos lo encontraban divertido y otros solo pensaban en encontrar la salida. Llovía en horizontal, y el agua caía con tanta fuerza que Paula no lograba ni distinguir las siluetas de sus compañeros.

Lo único que veía eran dos puntos rojos en medio de la oscuridad brillando como rubíes a su lado hasta que, al final, desaparecieron.

Y tan rápido como había empezado, el temporal se desvaneció.

Los chicos miraron a su alrededor, muy desorientados.

—Vaya, ¡qué tiempo más loco! —exclamó la profesora—. ¡En mi vida había visto semejante viento!

Ordenó a Roberto que cerrara la ventana y trató de recolocar todo lo que se había caído. Los niños y niñas de la clase arreglaban sus pupitres, comentando entre ellos lo que había sucedido, entre sorprendidos y asustados.

Pero la más sorprendida de todos era Paula, porque, a pesar de que ella y Merlina eran las que estaban más cerca de la ventana, a ellas no se les había caído ni un lápiz ni se les había mojado una sola hoja.

—En vista del jaleo que se ha armado —dijo la maestra, mirando lo que quedaba del problema en la pizarra—, este ya lo resuelvo yo y la prueba queda aplazada.

Los alumnos aplaudieron.

Excepto Paula, que seguía mirando a su alrededor, en busca de Merlina. Pero ya no estaba.

# CAPÍTULO 5

## El cartero no llama ni siquiera una vez

Al terminar las clases, Paula fue a buscar a sus amigas. Isabela y Sofía se parecían un poco, por los ojos y el pelo castaño, y también por su forma de andar. Las dos practicaban gimnasia artística y era como si siempre estuvieran bailando. Vivían al otro lado del pueblo y a menudo esperaban juntas el autobús, aunque el suyo fuera en la dirección opuesta.

Pero ese día Paula tenía la cabeza en otra parte. Bajo el paraguas, seguía pensando en todo lo que había ocurrido aquel día en clase, cosas muy raras y extrañamente conectadas. Y todas con Merlina.

—Tierra llamando a Paula.

—¿Estás ahí?

—Perdonad. Estaba pensando en mi nueva compañera de pupitre —dijo Paula.

—Por fin tienes una —dijo Isabel—. ¡Temía que, si solo estaba Elisa, acabaras hablando con los lápices antes de Navidad!

—¿Y qué tal es? —preguntó Sofía.

«Bueno —pensó—, ha entrado por la ventana, peina a los murciélagos, los ojos le cambian de color y vive en una casa que ha aparecido de la nada de la noche a la mañana».

Pero respondió:

—Es una chica genial. La típica a la que Anabel detesta.

—Anabel detesta a todo el mundo —observó Sofía sabiamente—. Así que es buena señal.

—¿Y Roberto? —preguntó Isabel—. ¿Ya le ha soltado el típico discurso de «cuidadito, no te metas en mis asuntos»?

Paula sonrió.

—Bueno… Digamos que se ha quedado con la boca abierta.

«Y con los dientes azules», pensó.

Se despidieron con un rápido abrazo y cada una se fue a su casa. Paula tenía muchísimas ganas de hablar con Merlina. Y de preguntarle por qué se había escapado de clase en medio de la tormenta.

No la había encontrado en el pasillo. Ni tampoco en el baño. Y la señora Julia, que estaba en la entrada, le había dicho que por ahí no había salido nadie, aunque hay que admitir que la señora Julia no era precisamente un lince.

La maestra había intentado llamar a su casa, pero al parecer los Applepot aún no tenían teléfono. Así que había pedido a alguien que fuera a buscarlos. Y luego había sonado el timbre de final de clase y Paula no había sabido nada más de ella.

Subió al autobús y se bajó en la parada de siempre, cerca de la entrada de su casa. Pero, en lugar de entrar, dio media vuelta y se dirigió hacia el río.

Al otro lado del puente estaba Villa Applepot. Con sus tejados a distintos niveles, sus canalones inclinados y sus chimeneas estrafalarias, por donde salían bocanadas de humo negro, azul y lila.

No. No era posible.

Paula se frotó los ojos, pero no fue capaz de observarla mejor. Inclinó el paraguas para que le cubriera parte de la vista de la villa y se encaminó hacia la otra orilla. Le había costado un poco dejar atrás el olor de comida que salía de su casa, pero quería asegurarse de que su amiga estaba bien. Y de que todo iba bien y de que...

«Quieres dejarlo ya, Paula», se dijo. La verdad es que se moría de ganas de echar un vistazo. Atravesó el puente y de repente vio un gran sauce llorón, que no estaba segura de haber visto antes. Era muy grande y muy llorón.

Llegó a la puerta de la villa, cuya madera era tan vieja como Matusalén. Tenía arañazos, telarañas en las esquinas e incluso algunas marcas de quemaduras. La chica vaciló. Con el paraguas abierto. No podía llamar. No había timbre. ¿Golpear la puerta? Pensó lo que diría: «Buenos días, soy una compañera de Merlina. Hoy ha salido antes de clase y quería saber...». No. Mejor: «Tenemos que estudiar juntas porque la semana que viene tiene un examen de todas las materias».

Se lo repitió una vez en voz baja. Luego miró el picaporte. Y sobre él aparecieron dos ojos que le devolvieron la mirada.

Paula pegó un salto.

Justo debajo de los ojos, se abrió una boca e hizo

ademán de hablar, pero de repente cambió de idea.

Los ojos se cerraron de nuevo y desaparecieron, junto con la boca.

Paula se quedó petrificada. Si no hubiera pasado todo lo que había pasado esa mañana, habría pensado que estaba soñando o quizá habría salido corriendo y gritando a pleno pulmón. Pero a estas alturas ya tenía claro que en Villaclara podían pasar cosas muy extrañas. Decidió hacer caso a la parte de ella que estaba fascinada con todo aquello. Así que llamó a la puerta.

Oyó un leve aleteo. Pensó que era una golondrina. Pero no. Era un murciélago. Voló a su alrededor. Luego llegó otro, y otro más. Hasta que fueron decenas.

Paula no gritó. Se quedó inmóvil, incapaz de moverse, rodeada de murciélagos que daban vueltas y más vueltas a su alrededor como si danzaran. Ahora estaba aterrorizada, había muchísimos. Pero también estaba encantada, pues nunca los había visto tan de cerca.

No eran para nada bonitos. Tenían un montón de dientecitos afilados. Y con eso, se fue al diablo la fascinación.

Así que se asustó y punto.

Gritó y salió corriendo despavorida, bajo la lluvia, perseguida por el enjambre de murciélagos. Intentó mantenerse en pie a pesar del terreno resbaladizo por el barro, pero no lo consiguió y se cayó. Trató de usar el paraguas como escudo, pero se le resbaló de las manos. Se levantó y miró a su alrededor. Vio el sauce de nuevo, con sus hermosas ramas colgando hasta el suelo, como una cortina. Se metió entre las ramas y se refugió junto al tronco.

Los murciélagos no la siguieron. Se arremolinaron durante unos instantes alrededor del sauce y luego se marcharon.

Paula, jadeando por la carrera y el miedo, esperó a no oír ni un solo aleteo y soltó un gran suspiro.

Estaba mojada de pies a cabeza, incluso el pelo y la cartera. Sucia de barro. Pero estaba agradecida al árbol por haberla salvado. Lo abrazó.

Y entonces, entre las ramas más altas, vio la sombra de unas alas blancas y doradas. Dos grandes ojos negros incrustados en un disco redondo, del color de la luna.

Una lechuza.

—¡Oh, qué bonita! —comentó—. ¿Puedo acariciarte?

La lechuza inclinó la cabeza hacia un lado y luego hacia el otro, mirándola fijamente. Y respondió:

—Así de golpe preferiría no establecer una relación de tanta confianza.

Paula abrió unos ojos como platos, retrocedió hasta sentir que las ramas del sauce llorón le acariciaban la nuca y salió corriendo hasta su casa sin mirar ni tan siquiera una vez hacia esa rarísima Villa Applepot que había aparecido al otro lado del puente.

# CAPÍTULO 6

## ¿Sabes guardar un secreto?

Paula regresó a casa. Al llegar, encontró a su madre preocupada, por el retraso y porque, entre el barro y la lluvia, vio que iba completamente empapada. La ayudó a quitarse la ropa mojada y la mandó a la ducha.

Cuando Paula reapareció en la cocina, la comida estaba lista. De repente, la impresionó la normalidad de la escena. Su madre le estaba sirviendo un plato de pasta y vio el sitio de su padre vacío: estaba trabajando. Todo estaba tranquilo, como siempre. Ahora, la tormenta en clase, la persecución de los murciélagos y la lechuza que hablaba bajo el sauce le parecían irreales.

—Paula, estás muy callada hoy. ¿Te ha pasado algo?

La voz de su madre le llegó como de lejos.

—No, no —se apresuró a responder Paula, un poco demasiado rápido—. Todo normal.

Después de comer se refugió en su habitación. Se entretuvo jugando con el móvil y enviando mensajes.

De vez en cuando levantaba la cabeza. Las paredes estaban cubiertas de dibujos suyos de prendas de ropa y animales. Del que más orgullosa se sentía era del de un gran gato gordo, con el pelo negro y una mancha blanca en el pecho.

Resopló, estuvo a punto de despegarlo y luego se sentó en el escritorio con la intención de hacer los deberes. En la planta baja, oyó como su madre se preparaba un té caliente: debía coger fuerzas para corregir exámenes. Le pareció una buena idea, así que bajó a la cocina a tomar una taza ella también y luego volvió a la habitación. Tamborileaba con los dedos sobre el escritorio.

—Tengo que averiguar qué ha pasado —murmuró en voz alta, mientras removía dos cucharaditas de azúcar en la taza.

Como respuesta a sus palabras, le llegó un mensaje. Pero no le llegó al móvil, sino al té.

Sí, sí, así es. De la bebida emergió una burbuja que empezó a flotar en el aire, seguida de otra, pequeña, y de otra más, hasta que varias quedaron dando vueltas por la habitación como pompas de jabón.

Paula se frotó los ojos, convencida de que estaba soñando. Las burbujas revolotearon y se fueron colocando en una fila ordenada. Finalmente, formaron estas palabras:

¿Sabes guardar un secreto?

Paula, por extraño que parezca, enseguida descubrió que sentía más curiosidad que miedo. A esas alturas, intuyó que se trataba de Merlina.

Pero no sabía cómo contestar.

Decidió decir simplemente:

—Sí.

Alargó el brazo y con la mano tocó las burbujitas, que se desvanecieron en el aire. Si había funcionado o no, la verdad es que no lo sabía.

De repente, alguien llamó a la ventana.

—¡Al final me acostumbraré! —dijo Paula para sí misma.

Y fue a abrir.

Merlina estaba encaramada en el balcón, con el pelo aún más alborotado que antes, el vestido desaliñado y la capa violeta revoloteándole sobre los hombros. No entró corriendo, sino de puntillas, como si estuviera triste o preocupada. O ambas cosas a la vez.

Entonces le preguntó:

—¿Cómo estás?

—Bien —respondió Paula—. Pero... ¡shhhh! ¡No hagas ruido! Mi mamá está abajo.

Merlina dijo enseguida:

—La casa me ha contado lo que ha pasado y quería decirte que lo siento por mis...

Paula levantó el dedo meñique.

—No pasa nada.

Merlina suspiró.

—Tengo que contarte algo.

—Lo sé. Eres una bruja —se anticipó Paula. Y sin dejarle tiempo para responder, continuó—: Y no me digas que no. Me he dado cuenta. Al principio no me lo podía creer, pero está clarísimo. Sabes hacer magia, sabes volar, tienes una casa con murciélagos y una lechuza que habla. No hay duda, eres una bruja.

Merlina jugueteó con las pulseras que llevaba en la muñeca.

—¿Y tú no tienes miedo?

—¿Miedo? —se preguntó Paula. Recordó los ojos rojos de Merlina durante la tormenta, en clase. Volvió a pensar en los murciélagos que la perseguían y recordó que a ella, según había contado, le gustaba peinarlos—. Un poquito de miedo sí que tengo, la verdad. Pero no mucho. No sé gran cosa sobre brujas —sentenció—. Sin embargo, algo he leído en los libros, si es que sirve de algo.

—Pero yo no soy una bruja como las de los libros —puntualizó Merlina—. Soy una bruja de verdad.

—¡Me parece que a Anabel y a Roberto les ha quedado clarísimo!

Merlina se sobresaltó.

—¿Crees que se han dado cuenta?

Parecía asustada. Miraba a su alrededor como esperando un castigo.

Paula, que era una muchacha muy observadora, lo percibió y le dijo:

—¿Qué te pasa?

Se sentó en la cama, cubierta con una colcha de un hermoso amarillo brillante, e invitó a Merlina a hacer lo mismo. Con cierto reparo, la pequeña bruja empezó a explicárselo.

# CAPÍTULO 7

## Las cinco reglas de la bruja perfecta

Merlina respiró profundamente y dijo:

—Nadie en Villaclara debe enterarse de que soy una bruja. Si se supiera, mi familia se metería en un buen lío.

—¿También ellos son…?

—Oh, sí —respondió Merlina, colocándose un mechón de pelo detrás de la oreja—. ¡Y Villa Applepot también es mágica, naturalmente!

A Paula le hubiera gustado preguntar más, pero dejó que Merlina continuara:

—Solo que ya quedamos pocos. Hubo un tiempo

en el que éramos más, pero las cosas no nos han ido nunca bien con los SinMagia.

—¿Los SinMagia?

—Los humanos —explicó Merlina—. Cuando dan con nosotros, nos persiguen. O nos piden favores continuamente. En definitiva: no nos dejan en paz. Y al final siempre nos echan la culpa a nosotros.

Paula inclinó la cabeza.

—Ya veo. —Siempre tenía respuestas para todo, pero en ese momento no se le ocurrió nada más que decir.

Merlina continuó:

—Así que tenemos que escondernos y mudarnos constantemente. Por eso, Villa Applepot camina.

«Misterio resuelto», pensó Paula. La villa realmente había aparecido de la noche a la mañana. Paula estaba entusiasmada con el descubrimiento, pero intentó que no se notara.

—Y por eso también no has ido nunca a un colegio humano —completó seria.

—Sí —suspiró Merlina—. Ya veo que eso también se notaba.

Las dos muchachas sonrieron.

Merlina rompió el silencio:

—Pero esta vez quiero intentarlo. Quiero conocer a los SinMagia, encontrar un buen lugar donde establecerme y quizá tener amigos. Le he prometido a mi mamá que no me metería en líos.

—¿Y ella qué ha hecho?

—Me ha dado esto.

Merlina se sacó una hoja de papel del bolsillo invisible de su vestido. En el papel, escrito con una hermosa caligrafía, ponía:

Las cinco reglas de la bruja perfecta
(según mamá)

1. No hacer magia delante de los SinMagia.
2. Recuerda que las emociones te hacen perder la concentración.
3. Todo puede aparecer, nada debe desaparecer.
4. Vuela con prudencia, e incluso con elegancia.
5. No abras nunca la Puerta al Fondo a la Derecha.

—Las he infringido todas en un solo día —admitió.

Paula le señaló la última línea.

—¿También esta?

—Bueno, no, esta no, pero solo porque la Puerta

al Fondo a la Derecha está en nuestra casa —suspiró—. He ido volando a la escuela, pero solo porque llegaba tarde. ¡He desaparecido para huir del cole, porque no sabía cómo acabar con la tormenta! ¡Y he hecho magia, pero no a propósito: se me ha escapado! Cuando me emociono, pierdo el control y acabo armando un lío, y esos dos, en clase, me estaban *irritando* tanto que…

Paula le puso una mano en el hombro y la consoló:

—No te preocupes. Yo también la lío cuando estoy enfadada. O cuando tengo miedo. O si me da un ataque de timidez. Todos lo hacemos.

—Pero no mandas a la DientesAzules a tu compañero de clase.

—No, eso no —admitió Paula.

—Y no prendes fuego al pelo de Anabel.

—No, supongo que no.

—Y no provocas una tormenta en clase antes de la prueba de matemáticas.

—¡Eso, en cambio, me encantaría aprender a hacerlo! —exclamó Paula.

Las dos amigas se miraron. Y se echaron a reír.

# CAPÍTULO 8

## Si tienes diez manzanas rojas...

—Hablando de pruebas… —dijo Paula—. ¿Quieres que estudiemos juntas las materias que tienes para el examen de la semana que viene?

Merlina jugueteó con el dobladillo de la capa.

—¿Ese examen es importante?

—Sí. Todos los profesores te preguntarán sobre sus materias. ¿Has estudiado alguna vez?

—Sí…, bueno, he viajado mucho y he pasado por muchos colegios —respondió Merlina—. Y sé que es más difícil si no se puede usar un hechizo para tomar apuntes.

—Ya es un comienzo —observó Paula—. Empecemos por la asignatura de lengua, pues.

—¿Ahora?

—Ahora —dijo Paula—. Vamos allá. Primero, los verbos. Yo tengo, tú tienes, él tiene, nosotros tenemos, vosotros tenéis, ellos tienen… ¿Qué es?

—¿Eh? —preguntó Merlina—. No entiendo nada. ¿*Yo* tengo *qué*? ¿*Tú* tienes *qué*? ¿Y *él* quién es? ¿Y qué tiene? ¿Y tiene lo mismo que tenemos nosotras o tiene otra cosa?

Paula se llevó una mano a la frente.

—Vamos a cambiar de tema. Probemos con las mates. Si tengo diez manzanas…

—¡Así que tienes MANZANAS! ¡Solo tenías que decirlo y ya está!

Paula la ignoró.

—Si tienes diez manzanas y quieres repartirlas a partes iguales entre tu padre y tu madre, ¿cuántas manzanas deberás dar a cada uno?

—Depende. ¿Son manzanas rojas o amarillas?

—Merlina…

—Porque si son manzanas rojas, a mi madre no le gustan. Una vez tuvo una experiencia horrible con ellas. ¡Así que se las daría todas a mi padre!

Paula se echó a reír.

—Bueno, ya veo que esto nos va a llevar más tiempo del que esperaba.

De repente, alguien llamó a la puerta.

—¿Paula? ¿Hay alguien en la habitación?

La niña se sobresaltó. ¡Su madre! Desde el otro lado de la puerta le decía:

—He oído risas.

—¡Mamá!

—¿Puedo entrar?

—¡No! —exclamó Paula.

—¿Y por qué no? —insistió su madre.

Paula ordenó a Merlina:

—Escóndete.

—¿Dónde? ¿Cómo?

—¿No sabes hacer magia?

La pequeña bruja se quedó unos segundos pensando. Cogió el bolígrafo que llevaba detrás de la oreja, el de la estrella, y lo hizo girar en el aire.

—¿Qué haces? —susurró Paula, para que su madre no la oyera.

—Magia —respondió Merlina con el mismo tono—. Mi bolígrafo es una varita.

Y dijo:

Varita mágica, varita soñadora,
transfórmate ya en una escoba voladora.
Hazme volar a caballo del viento,
entre el sol de oro y la luna de argento.

La varita empezó a soltar chispas por uno de los extremos y un soplo de aire fresco invadió todo el cuarto.

Pero Merlina permaneció exactamente donde estaba.

—¡Maldita sea! —exclamó—. Con este hechizo la varita debería convertirse en una escoba, pero no funciona si no consigo concentrarme...

—¡PAULA! ¿Puedes contestarme?

La puerta se abrió.

La madre de Paula apareció en el umbral.

—Ay, perdona —dijo—, no sabía que estabas con una amiga.

Recorrió con la mirada las escaleras y el pasillo,

intentando recordar si la había oído entrar, y cuándo.

—Podías habérmela presentado, ¿no?

—Me llamo Merlina Applepot —se apresuró a contestar la pequeña bruja.

Atravesó la habitación en cuatro saltos y le tendió el dedo meñique a la señora Donato. Ella, un poco sorprendida, le estrechó el dedo.

Paula hubiera querido que se la tragara la tierra. Ya veía a su madre acribillándola a preguntas como: ¿cuándo había llegado? ¿Por qué le había dado el dedo meñique en vez de estrecharle la mano? ¿Cómo iba vestida? ¡Por Dios santo!

Pero la señora Donato solo fue capaz de decir:

—Encantada de conocerte. Soy Lucía, la madre de Paula. —La miró detenidamente y concluyó—: Deja que lo adivine: ¿vives en la casa de enfrente?

—¡Absolutísimamente sí! —respondió Merlina.

—¡Qué bien! ¡Somos vecinas! —comentó la señora Donato—. Si es así, ¿por qué no quedamos una noche para cenar? ¿Aquí, tal vez?

# CAPÍTULO 9

## Invitación a cenar con lío

Paula se quedó con la boca abierta.

Merlina empezó a saltar y a bailar.

—¡Sí! ¡Claro que sí, amable señora! ¡Es una idea realmente maravillosa!

La mamá de Paula sonrió, un poco abrumada por esa explosión de entusiasmo.

—¿Qué tal el viernes?

—¡Perfecto, perfectísimo! —respondió una vez más la pequeña bruja, tan contenta que no podía estarse quieta.

—Muy bien. Os espero el viernes a las… ¿ocho?

—¡A las ocho, ochísimo!

Y en ese momento, un poco incómoda, la señora Donato cerró la puerta.

Merlina saltó de un lado a otro de la habitación un par de veces más.

—¡Qué bien! ¡Una cena! ¡Una cena en tu casa!

—Merlina… —empezó Paula.

—¡Estoy muy contenta *contentísima* CONTENTISÍSIMA!

—Pero no comprendes que…

—¡Será la cena más CENOSA de todas las cenas!

—¡MERLINA!

La brujita se paró de repente.

—¿Qué?

—Piénsalo un segundo —suspiró Paula—. Yo he visto muy rápido que eras una bruja. ¡Si tus padres vienen a cenar aquí, los míos también se darán cuenta!

Merlina se dejó caer como un saco sobre la cama.

—No se me había ocurrido… Solo estaba contenta de que me hubierais invitado… Como también estaba contenta…, bueno, sí, de ir al colegio… Pero en el cole ha sido un desastre. Aunque quiero volver, la verdad. Y también me gustaría que mis padres… En fin…

Paula levantó una mano. Ya se había dado cuenta de que cuando Merlina se ponía nerviosa empezaba a hablar por los codos.

—Merlina, yo también estoy muy contenta. Tengo muchísimas ganas de conoceros a todos. Simplemente se nos tiene que ocurrir algo.

La pequeña bruja recuperó la esperanza.

—¿Como qué?

Paula se sentó en la cama y se ajustó la diadema en el pelo.

—¡Clases de *normalidad*!

Merlina la imitó. Entonces se dio cuenta de que ella no podía ajustarse la diadema en el pelo porque no llevaba y bajó la mano.

—¿Normalidad? —murmuró desconsolada.

—Sí. —Paula se esforzó por parecer optimista—. Yo te puedo explicar cómo se comportan los..., bueno, los SinMagia cuando van de visita a casa de alguien.

—Espera, espera, espera —dijo Merlina—. Algunas cosas ya las sé. —Tosió y se aclaró la voz—: No podemos hacer magia. No podemos entrar por el techo. Es de buena educación presentarse con un detalle.

Paula se pasó una mano por la nuca.

—Es un buen comienzo —comentó.

—¿Podría traer una tarta Applepot, como las que hace mi papá?

—Buena idea. ¿De qué es?

—Pueeeees… —Merlina contó con las puntas de los dedos—: Mantequilla de berburrocho y, evidentemente, muchas manzanas podridas y gusanos gorditos.

Paula le tiró una almohada. Y las dos empezaron una guerra de almohadas, tras una serie de «Eh, ¿pero qué he dicho?».

Paula se lo explicó.

Y volvieron los golpes de almohada.

Al final se pasaron una hora hablando y charlando como si se conocieran de toda la vida.

—De acuerdo, hagámoslo así, pues —dijo en un momento dado Merlina—. Ven un día a mi casa. Te enseño la cocina de mi padre, vemos qué es lo que según tú es *normal* llevar a una cena de vecinos *normales* y yo se lo explico a mis padres.

—¿Y por qué justamente la cocina?

—Porque papá adora la cocina, siempre habla de cocina. ¡Y es el único mago del mundo que ha inventado treinta y cinco platos con verrugas de arpía! Es buenísimo exprimiendo los granos de trol y hace unos merengues deliciosos con crin de unicornio, pero solo con una, que si no quedan demasiado dulces… Ah, y también tiene el mejor surtido de comida preparada del Mercado de los Miércoles.

—Eso del mercado ya lo habías dicho.

—No, dije que mi madre va a vender y a comprar objetos mágicos. Para sus expediciones, ¿sabes?

—Creo que las clases de normalidad serán un poco más complicadas de lo que esperaba —comentó Paula.

—Umm, sí —admitió Merlina, desanimada—. Pues mañana tal vez

nos podemos..., umm..., ver en el cole. Prometo hacer solo lo que tú hagas. Aprenderé. Y por la tarde puedes venir a mi casa. Intentaremos cocinar el pastel y... Claro que será difícil prepararlo sin gusanos, pero...

En ese momento, la varita mágica en forma de bolígrafo parpadeó.

—Tengo que irme —dijo Merlina—. Es mi madre, que me está llamando.

—¡Espera! —la frenó Paula—. No te olvides del examen. ¡Tendrás que estudiar!

—Lo haré —le aseguró Merlina.

Tocó la varita mágica y la levantó hacia arriba. Repitió el hechizo para convertirla en escoba... pero esta vez tampoco funcionó.

—Oh —comentó la brujita—. Me parece que es por el miedo que me da *la examinación*...

—No te preocupes, estudiaremos juntas —la tranquilizó Paula. Y, para insuflarle ánimos, recorrió con la mirada los dibujos que tenía colgados en la pared, cogió el del gato de pelo negro con una mancha blanca en el pecho y se lo dio a Merlina—. Toma. Te lo regalo. Si te gusta, claro.

Los ojos de la pequeña bruja pasaron del azul al violeta y luego al verde en tres tiempos.

—¡Gracias, *gracias,* GRACIAS! —Cogió el dibujo y lo guardó en uno de los infinitos bolsillos que tenía su extraño vestido.

Paula la acompañó a la puerta, mientras Merlina seguía dándole las gracias:

—¡Es el primer regalo que me han hecho nunca! ¿Y sabes qué significa el primer regalo?

«No», pensó Paula.

Pero Merlina, tras abrirse la puerta, se marchó sin decírselo.

# CAPÍTULO 10

## Adivina, adivinanza, ¿quién llama a mi castillo?

Al día siguiente, el aire era fresco y el sol brillaba en Villaclara. Paula y Merlina fueron juntas al colegio. En lugar de caminar, cogieron el autobús en la misma parada, junto a la puerta de entrada de la casa de Paula. En clase volvieron a sentarse juntas y Merlina se pasó todo el tiempo intentando concentrarse sin causar problemas.

Anabel y Roberto no le dirigieron la palabra. Se limitaron a quedarse en su sitio y a hablar en voz baja.

BUS
BUS ESCOLAR

«Quién sabe —pensó Paula—, puede que sigan asustados por la tormenta de ayer».

No sabía que los dos hermanos estaban tramando algo contra Merlina. La cuestión es que al menos ese día la dejaron en paz.

Paula y la pequeña bruja regresaron a casa tranquilamente en autobús y quedaron en verse esa misma tarde.

Finalmente llegó el momento esperado. Merlina fue a buscar a Paula para acompañarla a Villa Applepot, porque, tal y como le había dicho, «nunca se sabe».

Qué es lo que nunca se sabe no lo dijo. De todos modos, nunca se sabe.

Juntas, las dos amigas cruzaron el río, que centelleaba debajo de ellas. El agua era clara y cristalina. Llegaron al gran sauce de hojas argentadas.

—Aquí está —comentó Merlina—. Antes que nada quería presentarte a un amigo. —Luego, dirigiéndose a las hojas del árbol, dijo—: ¡Barthy!

—Me parece que ya… —empezó Paula, pero no pudo terminar la frase.

De entre el follaje del sauce apareció la lechuza, tan silenciosa que la niña ni oyó el aleteo de sus alas, pero enseguida reconoció esos ojos negrísimos

y el prominente pico en forma de luna.

—Este es Barthy —dijo Merlina.

Paula, sin saber muy bien qué hacer, le tendió una mano y lo saludó:

—Es un placer volver a verte.

La lechuza respondió:

—Espero que hoy podamos presentarnos como es debido, no como la última vez, señorita humana.

Así que hablaba de verdad. Paula se quedó con la mano en el aire, como la reina de Inglaterra.

Merlina se echó a reír.

—¡Pues claro que habla, habla como una lechuza vieja, pero diría que le caes bien! Por lo general es mucho más sarcástico.

—Motivos tengo —comentó Barthy.

Hizo batir las alas y, en un abrir y cerrar de ojos, cambió de forma. Las alas se convirtieron en brazos y manos, y las plumas dejaron lugar a un traje blanco

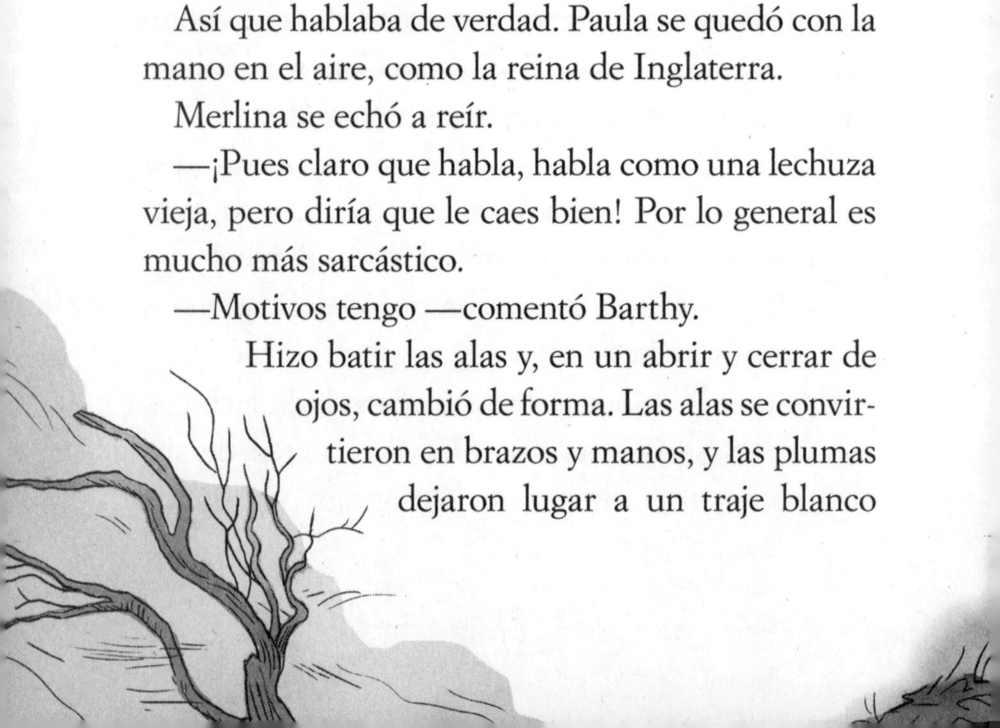

como de otra época. El disco lunar alrededor de su pico se transformó en la cara de un chico pálido de pelo fino y rubio. Solo los ojos mantuvieron el color, tan negro como la noche.

Tenía algo solemne y antiguo, y también algo tierno y divertido.

Paula estaba maravillada. No sabía muy bien qué decir, por eso al final preguntó:

—¿Eres una lechuza que se convierte en chico, o un chico que se convierte en lechuza?

—Vaya, vaya, señorita humana —repuso Barthy—. Ya veo que curiosidad no te falta.

Merlina se la llevó a un lado.

—No te dejes impresionar por su pomposa manera de hablar. En mi opinión, ni él mismo lo entiende.

Paula le hizo una media reverencia.

—Sea como sea… Yo me llamo Paula.

—Y yo, Bartholomeus —contestó la lechuza, solemnemente—, aunque la señorita Merlina insista en llamarme con un ridículo apodo.

—¡Quieres dejar de ser tan pesado, Barthy! —exclamó Merlina—. He invitado a Paula a casa. ¿Te apetece venir con nosotras?

Bartholomeus suspiró.

—No creo que sea correcto permitir el acceso a un extraño, aunque sea joven, en ausencia de los señores Applepot. A la casa no le parecerá bien.

Paula estaba bastante de acuerdo con él, pero Merlina le respondió que, en ausencia de los señores Applepot, ella era quien decidía lo que estaba bien y lo que no. Bartholomeus cruzó entonces las manos detrás de la espalda y se limitó a seguirlas a tres pasos de distancia. Incluso caminando, observó Paula, era silencioso e invisible, como cuando volaba.

Merlina, Paula y Batholomeus se detuvieron frente a la puerta de Villa Applepot. Siempre grande, siempre solemne, siempre cubierta de telarañas.

Paula se acordó del día anterior y buscó murciélagos a su alrededor.

—¡Tranquila! —la calmó la pequeña bruja—. Están en la buhardilla y de ahí no salen hasta que la casa los llama para alejar a algún SinMagia indeseado. Vamos, entremos.

—Insisto, a la casa no le va a hacer gracia —advirtió Bartholomeus.

Merlina lo ignoró, cogió el bolígrafo que llevaba detrás de la oreja y lo usó para llamar a la puerta. La estrella que había en la punta se iluminó y el portón se abrió. Merlina echó un vistazo rápido dentro.

—Venga, vamos —dijo a su amiga—. Mamá y papá volverán a tiempo para la cena.

La casa estaba vacía y de ella emanaba un perfume extraño, como el del aire cuando deja de llover.

—¿Adónde han ido? —preguntó Paula, que se acercó, nerviosa.

Detrás de ellas, Bartholomeus le explicó:

—La señora Fiona Applepot está explorando el extremo meridional del mar de Aral, donde yace escondida Iskandar, la espada que perteneció a Alejandro Magno. El señor Teodoro Applepot, en cambio, está buscando los ingredientes que necesita para hacer su famoso basilisco guisado. Para ser más exactos, ha salido a buscar el basilisco.

Paula se dispuso a dar otro paso y, justo cuando estaba cruzando el umbral, la casa habló:

—SinMagia que aquí quieres entrar, ¿cómo piensas pasar?

Paula miró a su alrededor, desorientada.

Bartholomeus se escabulló dentro pasando a su lado sin rozarla y, una vez en el interior, sentenció:

—Ya os he dicho que la casa no permitiría que entraras tan fácilmente. De poco ha servido tu soberbia, Merlina.

Merlina gruñó:

—¿Mi qué, lechuza tediosa?

—Soberbia: actitud poco amable de presuntuosa superioridad.

—¿Me podéis explicar qué está pasando? —preguntó mientras tanto Paula, con un hilo de voz.

En el picaporte de la puerta se formó una boca que empezó a moverse.

A través de ella, la casa dijo:

—Si quieres pasar, mi cielo, responde a una pregunta y no tengas miedo.

Tras estas palabras la puerta se cerró y la dejó

fuera, separada de Bartholomeus y Merlina, que empezó a protestar en el interior:

—¡Oh, Villa Applepot, vamos! ¿No puedes dejar pasar a mi amiga ni siquiera por una vez? ¡Ha venido conmigo!

—La adivinanza primero —respondió Villa Applepot—. Vamos a ver, joven SinMagia, ¿estás preparada para responder sin temor ni hemorragia?

Sola ahí afuera, Paula temió que volvieran los murciélagos. Ya no veía ni a Merlina ni a Bartholomeus. Y, para rematar, odiaba, detestaba y nunca entendía las adivinanzas.

Estaba a punto de dar media vuelta y volver a su casa, su habitación, sus dibujos y sus tareas cotidianas, cuando Villa Applepot interrumpió sus pensamientos y, con gran solemnidad, le preguntó:

No me ves, pero hay quien dice
que estoy hecho de oro.
Hay quien me llama tesoro,
y quien me maldice,
porque conmigo se siente solo.
Ah, y si algún día me has llamado,
yo seguro que me he esfumado.

Eso era todo.

No había entendido nada.

Pero aunque solo fuera para no quedar mal, intentó encontrar una respuesta. «Mmmm…, algo que no se ve, pero que es de oro —se dijo pensando en voz alta—. Tal vez lo de "ser de oro" sea solo una manera de hablar… Y también es algo que te hace sentir solo… Mmm… Además, es algo que desaparece cuando lo llamo… Mmmm… Si algún día lo llamo, ya no está… Y es de oro… Mmmm… ¡Lo tengo!».

La muchacha dijo:

—¿El silencio?

¿Era posible que, por una vez, por primera vez en su vida, hubiera acertado una adivinanza?

Era posible, porque la puerta, poco a poco, se abrió.

# CAPÍTULO 11

## La Puerta al Fondo a la Derecha

Paula entró con paso firme en Villa Applepot.

—¡Sabía que lo conseguirías! —la felicitó Merlina con efusividad.

—Realmente sorprendente, un gran logro —comentó Bartholomeus—. No eres una SinMagia común, señorita humana.

La chica estaba tan emocionada que se olvidó de responder. Los siguió por el vestíbulo de la villa hasta llegar a un gran salón. El techo era alto y estaba decorado con varias telarañas bien dispuestas aquí y allá. En las paredes, a ambos lados, ha-

bía dos grandes espejos situados uno enfrente del otro, donde Paula se vio reflejada infinitas veces. El suelo era de un negro brillante y, en el punto en el que Merlina y Bartholomeus ponían los pies, se formaban pequeñas ondas, como cuando se lanza un guijarro en un estanque. Paula imitó a sus amigos y se dio cuenta entonces de que el suelo en realidad era de madera sólida, robusta.

Magia.

Merlina le dijo:

—Tendrías que ver lo bonito que está cuando organizamos un baile. El suelo comienza a brillar y estas pequeñas ondas se entrelazan. Marea un poco si no estás acostumbrada, pero es tan bonito...

—No creo que esté permitido invitar a una SinMagia a un baile ni tampoco al Mercado del Miércoles —puntualizó Bartholomeus.

—¿Siempre tienes que ser tan pesado? —lo reprendió Merlina. Y acto seguido se dirigió a Paula, que miraba a su alrededor llena de curiosidad—: ¿Te apetece ver alguna otra sala?

Paula no se lo pensó dos veces.

—Tu habitación. ¿Puedo?

—Claro que sí. Aunque no siempre es fácil encontrarla.

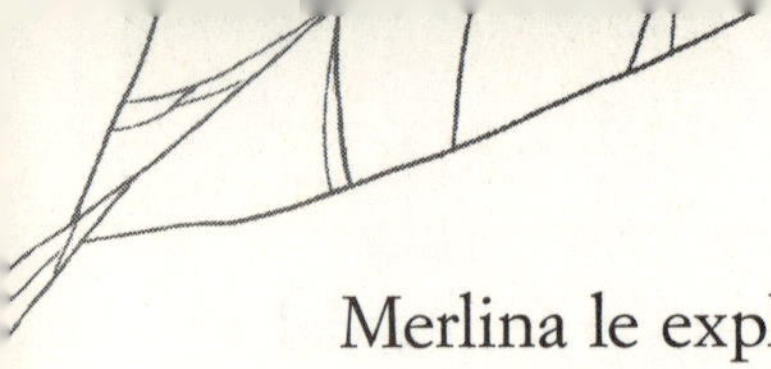

Merlina le explicó que le gustaba cambiar: a veces quería despertarse con la luz del sol, otras que nadie la encontrara. Por eso, la casa le había preparado un montón de habitaciones distintas y las había dejado ahí, porque «no se sabe nunca si alguna puede volver a ser útil». Esa era la razón por la que Villa Applepot tenía tantas torrecitas.

—Así que no es fácil —concluyó Merlina—. Recuérdame cuál es mi habitación *ahora*.

«Qué envidia», pensó Paula. ¡Debía ser guay tener no una, sino dos, diez, veinte habitaciones!

—¿Puedo ver una? —preguntó.

—Hum, vamos a probar por aquí. —Merlina subió por la escalinata doble que conducía a las plantas superiores.

—¿Y tú vives en el sauce? —preguntó Paula a Bartholomeus.

Él sacó pecho y, levantando la cabeza con orgullo, contestó:

—Naturalmente. ¿Tengo pinta de animal doméstico, señorita humana?

Paula balbuceó, confusa:

—No, qué va, perdona, lo siento, no quería ofenderte. Solo era curiosidad.

«¡Maldita sea!», pensó fijando la mirada en la punta de los zapatos. Ese chico lechuza tenía un carácter verdaderamente complicado.

—No os peleéis. Aquí tenemos una —los interrumpió Merlina.

Habían llegado a un largo pasillo, con una galería abierta tambaleante que conducía a dos puertas.

—¿Es esa? —preguntó Paula a la ligera.

—¡DESDE LUEGO QUE NO! —exclamó Merlina—. Esa es la Puerta al Fondo a la Derecha. No se puede abrir bajo ningún concepto.

—¿Y por qué?

Bartholomeus se entrometió con aires de sabelotodo:

—Porque la Puerta al Fondo a la Derecha se abre cada vez en un lugar distinto. Al cruzarla se puede llegar a cualquier rincón mágico de este y de los demás mundos. Y muchos de ellos son muy pero que muy peligrosos. Te chupan, te mastican y luego escupen los huesos.

Paula estuvo de acuerdísimo en dejarla como estaba.

—Es esta —dijo Merlina, abriendo la otra puerta.

Subieron por una escalerita de caracol muy estrecha. Paula se agarró al pasamanos, de madera suave y pulida. Al llegar arriba, tras una segunda puertecita, pequeña y roja, se abría la habitación más original que Paula jamás hubiera visto.

Las paredes estaban pintadas de azul, verde y amarillo. Había varios objetos repartidos por la habitación: un candelabro que se encendía y se apagaba solo, una bola de cristal con un sapo plácidamente dormido, un esqueleto en un rincón que para nada parecía el de una persona... Y libros de todo tipo y tamaño revoloteando por el aire, abriendo y cerrando las páginas para darse impulso. La mesa y la silla estaban pegadas a la pared, y también al suelo. La cama colgaba del techo, con las sábanas y la colcha flotando levemente, pero sin caerse.

Paula se quedó con la boca abierta, luego la cerró y finalmente se echó a reír.

—Pero, Merlina, ¿cómo consigues que...? ¿Pero por qué...?

—Es que me gusta mirarlo todo desde distintos puntos de vista —respondió la brujita.

—Una forma sutil de definir el caos primordial —dijo Bartholomeus.

Merlina lo ignoró y mostró a Paula el dibujo del gato que le había regalado: se paseaba por la habitación dentro de un marco con pies.

—Es un marco cinético que me regaló mi tía por mi cumpleaños —explicó, tratando en vano de detenerlo, mientras Paula se reía viendo como lo intentaba.

Al final, Merlina dejó de perseguirlo y puso una cara de enfado muy graciosa.

—¿Podemos irnos ya? —murmuró Bartholomeus—. ¿Antes de que se te escape algún hechizo?

Merlina se sonrojó y saltó a la escalera de caracol.

Paula preguntó:

—¿No deberíamos estudiar antes de preparar el pastel?

PAULA

—Primero el pastel —estableció Merlina—, ¡luego el estudio!

—No me parece muy buena idea…

—¡A LA COCINAAA! —la interrumpió Merlina sin admitir réplica alguna.

Paula se dio por vencida. De acuerdo, estudiarían luego. Echó un último vistazo al dormitorio. Había tantas cosas increíbles que contemplar ahí dentro, que solo tratando de recordarlas se sentía fuera del mundo. Pensó en su habitación, tan sencilla y ordenada, y en el pupitre del cole, con los lápices absolutamente alineados, y no logró determinar qué era lo que le gustaba y qué lo que la asustaba; dudaba entre el orden y el caos o, como los había llamado Merlina, los distintos puntos de vista.

Paula suspiró y se dispuso a salir de la habitación.

—*Au revoir* —se despidió el esqueleto. Y le hizo una reverencia, quitándose la cabeza del cuello.

# CAPÍTULO 12

## Lágrimas, gusanos y otras exquisiteces

Mientras Paula estaba absorta en sus pensamientos, los tres jóvenes bajaron otras tres plantas y recorrieron por lo menos otros seis pasillos, y con ellos también la Puerta al Fondo a la Derecha, que se trasladaba de una planta a otra para estar siempre, ni más ni menos, al fondo a la derecha.

La cocina, el reino de Teodoro Applepot, estaba en el sótano. Era enorme, pero, a diferencia del resto de la casa, estaba en un total y absoluto orden. En el centro había una mesa de madera maciza. En los

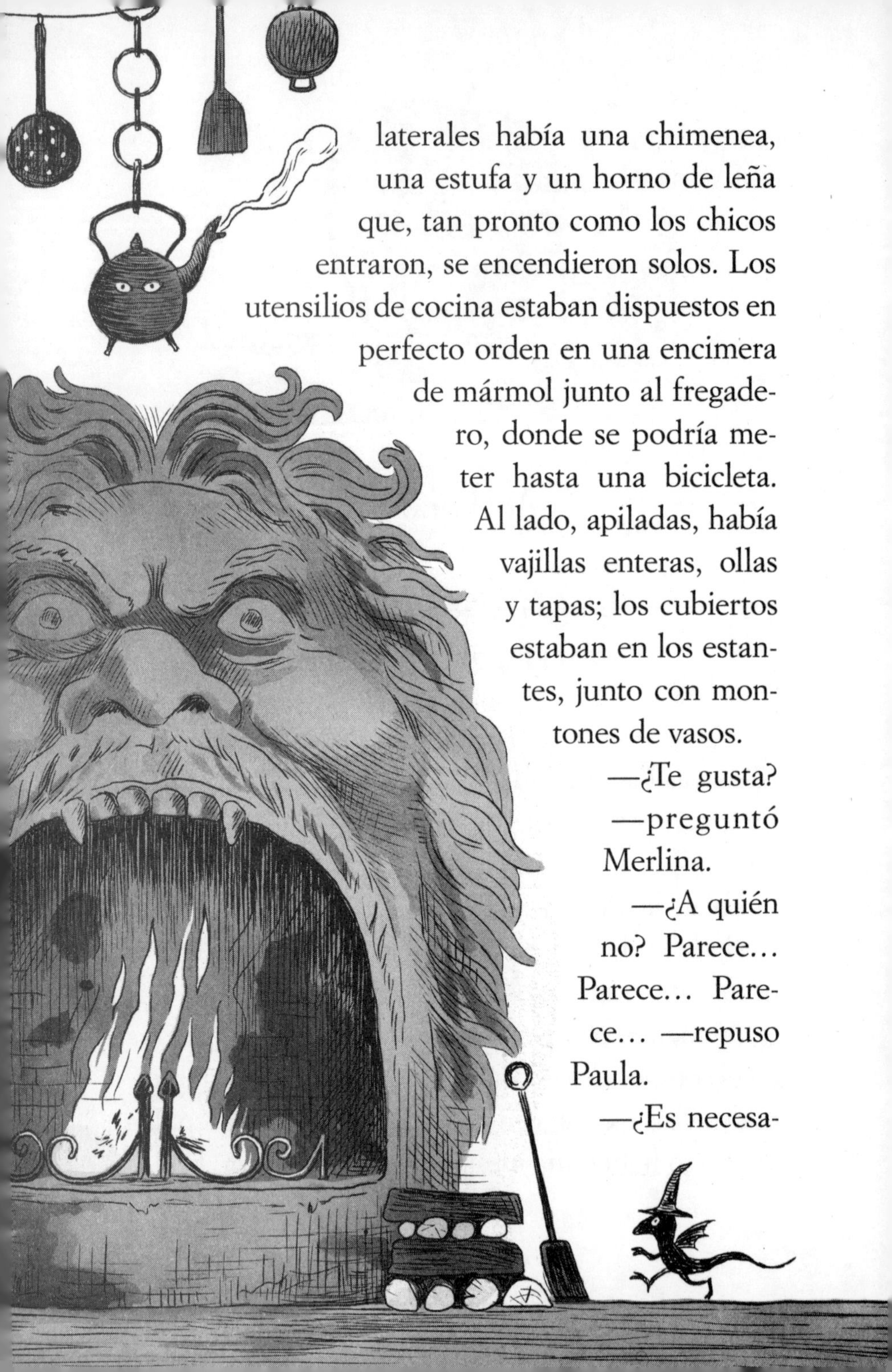

laterales había una chimenea, una estufa y un horno de leña que, tan pronto como los chicos entraron, se encendieron solos. Los utensilios de cocina estaban dispuestos en perfecto orden en una encimera de mármol junto al fregadero, donde se podría meter hasta una bicicleta. Al lado, apiladas, había vajillas enteras, ollas y tapas; los cubiertos estaban en los estantes, junto con montones de vasos.

—¿Te gusta? —preguntó Merlina.

—¿A quién no? Parece... Parece... Parece... —repuso Paula.

—¿Es necesa-

ria mi presencia? —murmuró Bartholomeus—. ¿O puedo ir a arrancarme las plumas a la armería?

Paula levantó una ceja con aire interrogativo.

—Cualquier cosa es mejor que el tormento de tener que mezclar, añadir, quitar, cortar o hervir: actividades bárbaras —suspiró él.

—Quédate —le ordenó Merlina—. Nos serás de gran ayuda para agarrar los ingredientes.

—¿Agarrar los…? —empezó a preguntar Paula.

Pero la pregunta era totalmente innecesaria. Merlina les hizo lavar las manos, se las secó en un paño de cocina con forma de pitón y se acercó a la gran mesa central. Apoyó las manos y pronunció estas palabras:

—¡Huesos de trogonfio desmenuzados!

La puerta de un aparador se abrió y de uno de los estantes salió disparado un tarro de cristal que Bartholomeus agarró al vuelo y dejó encima de la mesa. Lo mismo sucedió con el resto de ingredientes. Cada vez se abría una puerta, un armario o una alacena, y salía disparado un tarro, una caja o un frasco. Con mantequilla de berburrocho, dos lágrimas de bebé, manzanas podridas con gusanos rollizos, leche de lanolatola, azúcar de remolachina.

Paula no daba crédito.

—¿Pero no podemos hacer un pastel con ingredientes más… normales?

Merlina no quiso entrar en razón y preguntó:

—¿Pero por qué? ¿No te gusta probar cosas nuevas?

«No», pensaba Paula. Y cuanto más avanzaba la preparación, más dudas tenía. Un pastel como ese era imposible que les gustara a sus padres. ¡Seguro que sería un desastre! Al llegar a la crema de araña intentó decírselo de un modo más directo:

—Merlina, ¿recuerdas cómo reaccionaron en clase Anabel y Roberto cuando hablaste de los murciélagos?

Merlina, con el tubo de crema en la mano, dijo:

—¿Y tú piensas como ellos?

—No, y te he defendido —respondió Paula—. Pero, de todos modos, no me gusta la idea de comer crema de arañas.

Los ojos de Merlina cambiaron de color.

—¿Me estás diciendo que no quieres probar mi pastel?

—No quiero que te ofendas... pero si quieres venir a cenar a mi casa, tendrías que hacer algo que pueda gustarme a mí, y a ellos, no solo a ti.

Bartholomeus las interrumpió, como de costumbre:

—A mí me parece una petición totalmente comprensible. Por eso intuyo que Merlina no querrá saber nada de ello. En caso de que queráis discutir, debéis saber que no deseo formar parte.

Merlina cruzó los brazos sobre el pecho y dijo:

—Al menos podrías probar mi receta.

Paula sacudió la cabeza, resignada. No quería peleas.

—Por supuesto que la probaré —suspiró, sin estar muy convencida—. Pero tú…

Merlina se iluminó como una bombilla y no le dejó terminar la frase. Le empezó a dar órdenes y Paula se puso manos a la obra, pasando de un ingrediente a otro tan rápido como podía. E intentando no pensar en lo que estaba amasando (especialmente cuando le pareció que…, pues que el interior de los huevos la estaba mirando).

Merlina pronunció el hechizo:

¡Con una pizca de todo lo más sabroso,
haremos juntos un pastel delicioso!

La mantequilla de berburrocho se cortó a daditos y se mezcló con los huesos de trogonfio desmenuzados y las dos lágrimas de bebé. Merlina pidió a Paula que le pasara la masa y que cortara la manzana podrida en gajos, evitando partir los gusanos (que eran más ricos enteros).

Cuando calentaron el azúcar de remolachina al fuego, este saltó en todas direcciones como si estuviera vivo, y Bartholomeus se convirtió de nuevo en una lechuza para obligarlo a volver a la cacerola, aturdiéndolo a picotazos. Luego se transformó de nuevo en chico y se apoyó en una pared, como si no le quedaran fuerzas para mantenerse en pie.

—Creedme, esto es una ignominiosa injusticia —gruñó.

Un cuarto de hora después, la brujita extendió la mitad de la masa en un molde. Paula vertió dentro el relleno a base de manzanas podridas y Merlina lo recubrió con la otra mitad de la masa. Estaba muy satisfecha, mientras que su amiga se sentía exhausta, como si hubiera estado luchando con el pastel.

Lo cual, en cierto modo, era verdad.

# CAPÍTULO 13

## Nunca discutas con un chico con pico

Era última hora de la tarde cuando Merlina metió el pastel en el horno. Feliz y contenta, dijo:

—¿Sabes qué? Me gusta comerme la masa que queda pegada en el cuenco donde se mezclan los ingredientes. ¿Tú también lo haces?

Paula se sintió más serena. Por fin algo que tenían en común.

—Sí, lo hago siempre que cocino con mamá. —Alargó una mano para sumergir el dedo en la masa, la probó… y la escupió al otro lado del fregadero.

—¡Puaj!

Merlina dio un salto.

—¿No te gusta?

Paula sacudió la cabeza.

—No, no, no. Ya te lo había dicho… Me sabe mal, pero es incomible.

—¿Cómo puede ser que no te guste?

—¡Es asqueroso!

—¿Asqueroso? ¿Pero cómo te atreves? ¿Después de todo el trabajo que hemos hecho?

—¿Trabajo? —espetó Paula—. ¿Qué trabajo? ¡Si solo hemos amasado medio minuto y solo hemos cortado dos manzanas, y tú le has ordenado a los ingredientes que se mezclaran!

—¿Y eso no es trabajo?

—Sugiero —observó Bartholomeus— dejar la cuestión para otro momento, queridas niñas.

—¡Tú calla! —le ordenó Merlina. Y luego—: Creía que éramos amigas, Paula. ¡Y ya veo que eres como todos los demás!

Paula se quedó boquiabierta por la sorpresa.

—¿Por qué dices eso? ¿De qué sirve ser tu amiga, si no puedo decirte que tu pastel da as…?

—Vete —murmuró Merlina.

No parecía enfadada. Se había nublado como el

cielo antes de una tormenta de nieve. Las luces de la cocina parpadeaban. Paula se estremeció. Y, por primera vez, tuvo miedo de ella. Ahora no veía a una chiquilla un poco estrafalaria, una amiga divertida y buena, sino a una criatura extraña, aterradora.

Paula no se atrevió a darle la espalda. Caminó hacia atrás y con la voz temblorosa respondió:

—Como quieras, ya me voy. —Se dio media vuelta y salió corriendo de la cocina.

Todo había ocurrido tan rápido... Un minuto antes estaba impaciente por usar la cocina de los Applepot y un minuto después solo quería salir de allí.

Oyó de cerca la voz de Merlina. Y el murmullo de Bartholomeus. Pero no se giró. Echó a correr hasta que ya no oyó nada. Entonces se detuvo a recuperar el aliento en uno de los pasillos infinitos de la casa. No recordaba dónde estaba la salida. Ahora, Villa Applepot le parecía un lugar hostil. No era para nada un lugar divertido. Las telarañas, los objetos afilados, los rincones oscuros, incluso las alfombras, le parecían amenazadoras.

Tomó una dirección y la siguió hasta el final, giró por otro pasillo e hizo lo mismo. De repente se en-

contró en una galería de retratos: personas altas y con gafas, hombres con barbas trenzadas, mujeres hechiceras, gatos flacuchos, señores espeluznantes con un mono en el hombro, un par de mujeres de

rasgos caribeños. No quiso mirarlos para no sugestionarse. Llegó al final de la pinacoteca. Y de repente la vio. La Puerta al Final a la Derecha. Ahí estaba, ni más ni menos, al fondo a la derecha.

Paula aflojó el paso, respiró, la miró.

Bartholomeus apareció con un aleteo a su lado. Paula se asustó. No lo había oído llegar, era sigiloso como un fantasma.

—Os sugiero —dijo él, tras volver a tomar forma de humano— que hagáis las paces.

Paula ni siquiera quería hablar de ello.

—Después de cómo me ha tratado y de que me haya echado, ¿de verdad crees que debería pedir perdón?

—Admito que, a veces, Merlina…

—Es una cabezota —lo interrumpió Paula—. Es una solemne maleducada. Y eso no tiene nada que ver con los hechizos ni con los ojos de araña.

—Crema de araña.

—Lo que sea. —Bajó el tono de voz—. ¿Dónde está?

—En la cocina —contestó Bartholomeus—. Le he dicho lo mismo que a ti y ha respondido igual que tú.

—¿Lo ves? ¡Es una cabezota!

Bartholomeus le cogió una mano con una delicadeza inesperada.

—Lamento contarte esto, porque no me resulta agradable hablar de alguien en su ausencia, pero querría enseñarte algo. Mira.

Le mostró los últimos cuadros expuestos en la galería.

—Ese es su padre Teodoro… —dijo, señalando a un hombre alto de barba puntiaguda. Estaba junto a una espléndida señora con gorro de bruja—. Y ella es su madre Fiona —continuó el chico.

—Y esa es Merlina —murmuró Paula, pasando al cuadro siguiente. Y al de más allá.

Merlina con una lechuza en el tejado de Villa Applepot en el desierto.

Merlina con Villa Applepot en un acantilado azotado por el viento, y una lechuza.

Una lechuza con Merlina y Villa Applepot en un bosque de plantas carnívoras.

—¿No lo ves?

Paula habría querido decir que no, pero la verdad es que había algo en común en todos esos retratos: los padres de Merlina estaban juntos y ella siempre sola. Estaban la casa, Bartholomeus y ella, solo ella. Realmente esa familia no había pasado mucho tiempo en el mismo sitio. Y por eso Merlina nunca había tenido tiempo para hacer amigos.

Ni siquiera sabía por dónde empezar.

—Ya veo que lo has entendido —observó Bartholomeus—. Siempre hemos sido Villa Applepot, Merlina y yo. Y yo, por mi naturaleza, no me considero precisamente la mejor compañía de una niña de once años. —El chico lechuza tosió—. Y estarás de acuerdo conmigo en que para que dos personas sean amigas no es necesario que tengan el mismo plato preferido, ¿no?

—Eso es justo lo que yo le he dicho —protestó Paula.

—Lo sé, lo sé —dijo Bartholomeus—. Yo solo como ratones crudos. Me gusta cazarlos cuando están corriendo.

Paula, finalmente, sonrió.

Y luego ocurrió algo.

Oyeron llamar.

Los dos miraron a su alrededor, sin entender de dónde provenía el ruido.

Aunque estaba clarísimo.

Alguien estaba llamando en la Puerta del Fondo a la Derecha.

# CAPÍTULO 14

## Una cuestión candente

*Toc, toc, toc.* Paula miró a Bartholomeus y Bartholomeus miró a Paula.

—Se recomienda no abrir nunca la Puerta al Fondo a la Derecha, y aún menos cuando el señor y la señora Applepot no están en casa —dijo él.

*Toc, toc, toc.*

—¿Y si fueran ellos? —preguntó Paula.

—Tendrían las llaves.

—¿Y si fuera un invitado?

—Tendría una invitación.

—¿Una persona en apuros?

—No llamaría.

Paula resopló. La lógica de Bartholomeus era, cuando menos, agotadora. Tenía que probar con algo distinto.

—¡No podemos dejarlo fuera!

—Sí que podemos. Y, en cualquier caso, no es asunto nuestro. Voy a llamar a Merlina. Vuelvo en un periquete.

Tras estas palabras, el chico se fue volando y dejó a su paso un rastro de plumas que cayeron lentamente sobre la alfombra.

*Toc, toc, toc.*

«No puedo abrir —pensó la chica—. Podría ser muy peligroso».

*Toc, toc, toc.*

«¿Abro?».

*Toc, toc, toc.*

«¿Pregunto?».

Paula se armó de valor y se acercó a la Puerta al Fondo a la Derecha.

—¿Quién es? —preguntó.

—Soy el cartero —le respondió una voz desde el otro lado—. Traigo un paquete contra reembolso para la señora Pudding desde la tierra de Magidonia, al sur de Puertomisterio.

—¿Contra reembolso?

—Me temo que hay que pagar una pequeña cantidad —continuó el cartero.

—¿Cómo de pequeña?

—Tres céntimos.

Paula se metió una mano en el bolsillo y, como por arte de magia, encontró tres monedas bajo la punta de sus dedos.

¿Era posible?

Tenía clarísimo que no debía abrir, que no era asunto suyo y que además el paquete no era para ella. Pero la idea de la tierra de Magidonia, al sur de Puertomisterio, era, como poco, irresistible.

Abrió la puerta.

Había una caja de cristal negro flotando en el aire. Entonces, Paula entendió que el cartero estaba *debajo* de la caja. Era un pequeño ser alado, con la piel verde y las alas doradas, y las batía frenéticamente para sostener el peso del paquete. Detrás de él se veía un sendero, un bosque verde y salvaje y, a lo lejos, en el horizonte, una línea de mar oscuro con nubes negras que se desplazaban hacia las tinieblas.

—¿Puedes cogerlo, por favor? —preguntó la criaturita, arrancando a Paula de sus pensamientos.

Paula cogió la caja.

—Gracias. Como le decía, debe abonar…

Paula le dio las tres monedas que tenía en el bolsillo.

—Magnífico —dijo el cartero alado—. ¿Puede entregárselo a su madre?

Paula asintió.

—¡Que tenga un buen día! —se despidió el cartero.

Y se marchó volando.

Paula volvió a cerrar la puerta.

El aroma del mar y de ese bosque misterioso desapareció al otro lado del umbral y la chica se encontró de nuevo sola en la galería de retratos de Villa Applepot.

La caja de cristal era ligera y fría al tacto. No se podía ver qué contenía. Pero Paula no quería abrirla. No era suya.

—¡Paula! ¿Qué haces con eso?

La voz de Merlina, al otro extremo del pasillo, la sobresaltó.

—¿Has abierto la puerta?

—No —respondió Paula.

—¡Sí que la has abierto!

—Era el cartero —dijo Paula—. Siempre es mejor abrirle cuando estás en casa, si no luego te toca ir a buscar el paquete quién sabe dónde y, bueno…, aquí lo tienes.

Le tendió la caja.

Los ojos de Merlina cambiaron de color varias veces, como si no acabara de decidirse sobre sus propios sentimientos.

—Podía haber sido peligroso —la reprendió finalmente, alargando las manos para cogerla.

A su lado, Bartholomeus, aún en forma de lechuza, volaba sin hacer el menor ruido. La caja abando-

nó los dedos de Paula y se posó sobre los de Merlina.

Casi.

Justo en el momento en el que Paula soltó la caja, Merlina se dio la vuelta y dijo:

—¿Qué es ese olor? ¿No se estará quemando el pastel?

Y, acto seguido, la caja cayó al suelo y se rompió en tres pedazos.

Paula, Merlina y Bartholomeus contuvieron la respiración.

Una sombra, inconsistente y ligera, salió de la caja y se quedó flotando delante de uno de los cuadros de la galería. En un instante, tomó la forma del hombre que había allí retratado: un tío de Merlina, con una gran barriga y un espeso bigote pelirrojo.

—¡Cáspita! —exclamó Bartholomeus, también él sorprendido—. Parece un AtrapaForma, una criatura rara y legendaria. Tan antigua como las musas. No sabía que existía: ¿lo veis? Normalmente es una som-

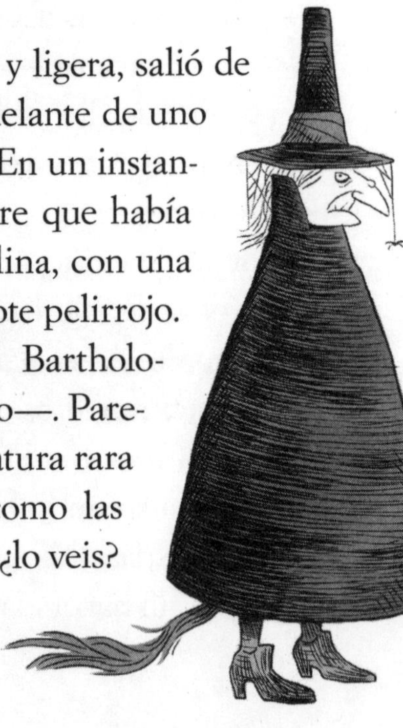

bra, pero es curiosa, y puede adoptar la forma de cualquier cosa que le llame la atención.

—¿Incluso si está en un cuadro? —preguntó Paula, mientras contemplaba cómo el AtrapaForma se convertía en un gato, una tía malhumorada, un lagarto y un ciervo.

—Sobre todo si está en un cuadro. En Ovidio los AtrapaForm…

—Es muy muy interesante —lo interrumpió Merlina—. ¿Pero no creéis que ya es hora de volver a meterlo en su caja?

—No si está rota —observó Bartholomeus, sin quitar los ojos de las metamorfosis de la criatura.

—Merlina, ¿no puedes lanzarle un hechizo? —preguntó Paula.

—Sí que puedo, pero espera. Tengo que pensar… No me acuerdo de los conjuros cuando estoy nerviosa y ahora estoy muy nerviosa…

—Oh, oh —dijo Bartholomeus, cuando el AtrapaForma se transformó en la tatarabuela de Merlina, Filomena Crestadorada, una

anciana pequeña y delicada con el pelo blanco muy blanco, que en el retrato estaba rodeada de sus queridos dragones rojos de cresta dorada.

A continuación, el AtrapaForma se transformó en un dragón rojo de cresta dorada.

Bartholomeus silbó.

—Impresionante.

Merlina dijo:

—Lo importante es que solo tome la forma y no...

Pero antes de que terminara la frase, el dragón escupió una enorme llamarada.

# CAPÍTULO 15

## Un dragón en el salón

El fuego recorrió toda la galería y el aire se volvió caliente e irrespirable. El humo impedía ver nada. Aquello era más que un embrollo. Era un absoluto desastre.

En medio de la nube negra que salió de las fauces del dragón, Bartholomeus hizo de escudo a Merlina y a Paula.

—¡Tenemos que hacer algo! —exclamó. Por primera vez, su voz destilaba miedo—. ¡Merlina, piensa un hechizo, rápido!

—¡Estoy pensando! —La pequeña bruja sujetaba con fuerza su varita mágica mirando fijamente al vacío, al humo, al pasillo—. ¡Un segundo, un segundo! —gritó—. ¡Necesito algo de tiempo!

—¡No hay tiempo! —rugió Bartholomeus—. ¿Sabes cómo llamaba tu padre a los dragones de tu tatarabuela?

—¿Cómo? —preguntó.

—Encantadores carboncitos del infierno —respondió Bartholomeus.

Una segunda llamarada redujo a cenizas el cuadro de la tatarabuela. Y adiós, retrato.

Paula intentaba pensar en algo. No sabía hacer magia, pero seguro que había una solución sin necesidad de hechizos. Y tenía que encontrarla de inmediato.

—Barthy, ¿qué comen los dragones de cresta dorada?

—De todo, señorita Paula. Pueden comerse cualquier cosa.

—¿También un pastel?

Merlina no lo dudó ni un segundo.

—Es una idea genial. Voy a buscarlo.

—¡Espera…!

Pero la pequeña bruja agitó su varita y pronunció el conjuro para transformarla en una escoba:

Varita mágica, varita soñadora,
transfórmate ya en una escoba voladora...

Justo antes de terminar, la varita chisporroteó. Pero se quedó tal como estaba.

Los ojos de Merlina se volvieron de un color azul profundo y triste.

—¡Oh, no funciona! ¡Maldita sea! ¡Nunca funciona cuando estoy nerviosa!

—No te preocupes, brujita mía —dijo Bartholomeus—. La misión entraña riesgos, pero estaré encantado de cumplirla. ¡Voy volando! Vosotras, mientras tanto, poneos a salvo.

La lechuza se fue volando, a la velocidad de la luz.

Paula apagó una llamita que seguía encendida en la alfombra y dijo:

—Haría falta agua, mucha agua, haría falta una tormenta.

Miró a su amiga con una idea en la cabeza.

—¡Merlina! ¿Te acuerdas de lo que te he dicho antes del pastel?

—No pasa nada, ahora no es el momento para pedir perdón —dijo Merlina, intentando concentrarse para lanzar algún hechizo.

—¿Pero qué perdón? Realmente era asqueroso y ¿quieres que te diga algo? También la cocina. ¿Y la casa? ¡Toda tu casa es horrible! —gritó Paula, mientras el dragón lanzaba la tercera llamarada, que llenó la galería de humo.

Paula vio como los ojos de Merlina centelleaban y continuó:

—¡Menos mal que va a acabar entre llamas! ¡Es lo mejor que le podía pasar! ¡Es un lugar horrible!

Sus ojos se volvieron rojos. De un color todavía más intenso que el de las llamas que se reflejaban dentro.

—¡No quiero ser tu amiga por nada del mundo! —gritó Paula—. ¿Lo oyes?

Y entonces, tal y como había sucedido por la mañana del día anterior en el colegio, se desató una tormenta que abrió las ventanas con ráfagas de viento cargadas de lluvia.

El agua empapó las alfombras, apagó los pequeños incendios y las brasas de los marcos. También mojó la cresta dorada del dragón, que miró a su alrededor confundido.

Paula abrazó a Merlina e inmediatamente se disculpó:

—¡Lo siento! ¡No quería decir lo que he dicho!

Merlina todavía temblaba, pero poco a poco fue entendiendo lo que Paula había hecho: la había provocado.

—Era la única manera —murmuró la pequeña bruja—. Hacerme perder el control.

—Ya ves que no siempre es malo… —dijo Paula.

Y en ese momento llegó Bartholomeus con el pastel entre sus garras. El dragón lo miró y Bartholomeus soltó la tarta. El dragón la atrapó al vuelo y finalmente se detuvo para empezar a comérsela. La devoró en tres bocados, con gran satisfacción. Luego, rodeado por un montón de migas, el AtrapaForma se transformó en una lechuza, y luego en Merlina y finalmente en Paula.

La pequeña bruja, mientras tanto, se calmó y respiró tranquila. Dejó de abrazar a Paula y examinó la situación: la caja rota, el AtrapaForma que se estaba comiendo su pastel. No debía emocionarse. Debía concentrarse. Solo tendría una oportunidad: aquella.

Levantó el bolígrafo-varita mágica y dijo:

El caos acecha pero aún no impera,
¡que todo lo roto vuelva a ser como era!
Que lo de dentro adentro vuelva
y que al final todo se resuelva.

Esta vez el hechizo funcionó. El AtrapaForma volvió a la caja y la caja se fue cerrando a su alrededor, como si nunca se hubiera roto.

—¡Increíble! —exclamó Paula.

Merlina bajó la varita y preguntó:

—¿Crees que mis padres se darán cuenta?

—¿Por qué deberían hacerlo? —respondió Bartholomeus, convertido ahora en chico—. Villa Applepot está llena de pasillos chamuscados y medio inundados. Además, el retrato de la tatarabuela Filomena no era el más bonito de la galería.

Paula no sabía si lo decía en serio o en broma. Entonces, Bartholomeus suspiró y añadió:

—Venga, vamos a buscar trapos y todo lo que nos haga falta. No tengo la menor intención de convertirme en una lechuza disecada encima de la chimenea de Villa Applepot.

# CAPÍTULO 16

## El plan de Anabel

Y así fue como el asunto del pastel, la caja y el dragón en el salón se resolvió. Quedaban algunas marcas de chamuscado en los rincones, pero como dijo Bartholomeus:

—Entre las telarañas y las ratoneras, no se notan.

—Lástima que nos hayamos quedado sin pastel —dijo Merlina—, para cuando volvamos a hacerlo para la cena… Tengo una idea. Seguiremos mi receta, pero usaremos los ingredientes que tú quieras. ¿Te parece bien?

Paula la abrazó, contenta.

Bartholomeus tosió.

—Celebro que todo se haya resuelto de la mejor manera posible. Ahora, si no os importa, me retiro a mi acogedor sauce.

—También yo tendría que... —empezó a decir Paula. Miró qué hora era en su teléfono móvil y se encontró una avalancha de notificaciones. Debería haber contestado a miles de mensajes de Isabel y Sofía. Pero antes le quedaba algo por hacer—. Aún no es hora de cenar. Si quieres, te ayudo a estudiar.

—¿Quieres saber si me gustan más las manzanas rojas o las amarillas?

—Algo por el estilo...

Pasaron el resto de la tarde en la habitación de Merlina. Estudiaron matemáticas, lengua, ciencias, inglés... Y fue más divertido de lo que esperaban, gracias a las teorías descabelladas de la pequeña bruja. Al final, el teléfono de Paula sonó e incluso Merlina pudo oír la voz del señor Donato retronando:

—¡Paula! ¿Dónde demonios te has metido? Tu madre está muy preocupada. ¡Vuelve a casa inmediatamente!

Y volvió a casa inmediatamente. Con la promesa de regresar al día siguiente a casa de su amiga.

A partir de entonces, las niñas fueron juntas al colegio cada día. Cogían el autobús cada mañana, llegaban a clase y se sentaban juntas en los pupitres de la primera fila, al lado de la ventana.

Merlina, a pesar de ese primer día desastroso, se esforzaba todo lo que podía para no meterse en líos.

Pero no había contado con Anabel y Roberto, que no habían olvidado los dientes azules, el pelo chamuscado y la tormenta.

Todo empezó el lunes.

En clase de tecnología, el profesor Galiano hablaba con su tono de voz monocorde y a Paula le costaba mantener la atención. De pronto, oyó que Merlina se quejaba:

—¡Ay!

—¿Qué ocurre?

—Algo me ha golpeado.

Miraron a su alrededor. Nada. Se giraron. Roberto estaba mirando hacia todas partes menos en su dirección. Empezaron a sospechar.

Poco después, otra vez.

—¡Ay…!

Paula vio que los ojos de Merlina empezaban a ponerse rojos.

A la tercera, la pequeña bruja gritó:

—¡Basta!

El profesor dio un brinco.

—Merlina, ¿te parece correcto gritar de este modo en clase? Una palabra más y te mando al despacho del director.

Merlina bajó la cabeza. Paula se giró. Detrás de ella, Roberto se reía para sus adentros. Tenía una cerbatana entre las manos. Anabel la miraba desafiante. ¡Todo era culpa de ellos!

Paula intentó tranquilizar a Merlina:

—Calma, calma. Lo has hecho muy bien, esta vez no les has teñido los dientes de azul. ¡Aunque bien merecido se lo tenían!

—Ya...

Los ojos de Merlina volvieron a su color habitual sin que sucediera nada extraño.

Pero la semana justo acababa de empezar.

# CAPÍTULO 17

## ¿Broma o travesura?

Al día siguiente, la primera clase era la de lengua. Elvira, la subdirectora, empezó a escribir en la pizarra como de costumbre. Pero algo no iba bien. La tiza resbalaba y no dejaba ni una marca.

La maestra, sin inmutarse, dijo:

—Chicos, eso no se hace. Vamos a ver, ¿quién ha mojado la pizarra? La ha dejado inservible.

En la clase se hizo un silencio absoluto. La última vez que alguien había intentado gastar una broma a la subdirectora, había sido fulminado incluso antes de poder pronunciar un «lo siento».

Una voz resonó, estridente:

—¡Eh, Merlina!, ¿qué llevas en la cartera?

De la mochilita de la pequeña bruja sobresalía, bien visible, una botella grande llena de un extraño líquido. Merlina la levantó, sorprendida.

La maestra le ordenó:

—¿Me puedes dar la botella, Merlina?

Había hecho una pregunta, pero el tono era de orden. Merlina se la dio.

—No cabe duda —sentenció la maestra—. Es el mismo líquido que ha estropeado la pizarra.

Paula intervino:

—¡Señorita, no es lo que parece...!

—Paula, Merlina, a la hora del recreo, venid a mi despacho.

Los ojos de Merlina adoptaron un tono violeta oscuro. Paula palideció. ¿Qué le haría la terrible subdirectora a su amiga?

Intentó darle ánimos:

—Vamos, Merlina. No es culpa tuya, se lo dirás y ella te creerá. —Y añadió—: Nos hemos enfrentado a un dragón. También podremos afrontar esta situación.

Al sonar el timbre, se dirigieron de mala gana al despacho de la subdirectora. Llamaron a la puerta.

La sala estaba amueblada de manera sencilla, sin fotografías ni otros elementos decorativos. La subdirectora, muy seria, estaba sentada detrás del escritorio de color oscuro. Miró fijamente a las dos chicas.

—Sentaos. Podéis hablar.

—No es justo —dijo Paula de repente—. ¡Ella no ha hecho nada! Ha sido Anabel la que ha metido la botella en la mochila de Merlina.

—Paula Donato, me consta que tu compañera sabe defenderse sola —la detuvo la maestra—. Dime, Merlina. ¿Lo has hecho tú?

—¡No, no y no! Te lo prometo, Elvira, maestra maestrísima —respondió—. Yo estoy bien aquí y me estoy esforzando mucho para *la examinación*...

—El examen —la corrigió la maestra, paciente.

—El examen —se apresuró a decir Merlina—. Y, bueno, no he hecho nada malo.

La maestra juntó las puntas de los dedos y la miró.

—No sé qué ha ocurrido, pero veo el esfuerzo que estás haciendo y quiero fiarme de ti. Pero, por favor, Merlina, piensa que si vuelve a suceder algo parecido, serás expulsada del colegio.

Merlina y Paula se estremecieron.

La maestra hizo el gesto de levantarse y dijo:

—Nos vemos mañana para el examen.

# CAPÍTULO 18

## ¿Bromita o broma de mal gusto?

Esa noche, Paula no pudo dormir. Estaba preocupada por Merlina. Pero sabía que había estudiado cada tarde y que no había desatado ninguna tormenta en clase. Y lo más importante: Merlina era una bruja, sí, pero era una bruja buena.

A la mañana siguiente, Paula la encontró como siempre delante de la puerta. Merlina la saludó con un gesto. Ella también estaba preocupada.

Subieron al autobús, se quitaron las carteras y se sentaron juntas como de costumbre, aunque en esa parada, el vehículo iba vacío. Pero cuando el autobús arrancó, se lio una buena. Alguien cogió la cartera de Merlina.

—¿Qué...?

¡Roberto! Él no cogía nunca el autobús, pero ese día había decidido hacerlo. Lo había hecho a propósito para fastidiarla. Y ahí estaba, de pie, con la cartera de Merlina en las manos.

—¿Qué haces? —preguntó Paula.

—¡Esto! —gritó Roberto.

Abrió la ventana y tiró la cartera fuera.

—¡No!

—¡¿Pero por qué...?!

Desde el fondo del autobús llegó otra voz.

—¿Qué va a pensar de ti la subdirectora cuando te vea llegar sin la cartera? —La que hablaba era Anabel, evidentemente—. Ya te lo digo yo. Pensará que no eres lo bastante buena para nuestro cole.

Paula estaba temblando de rabia.

Sentía que, en ese momento, si hubiera sabido magia, podría haber hecho algo malo.

Pero Merlina la detuvo, poniéndole una mano en el brazo. Paula se sorprendió. Los ojos de Merlina estaban de color azul y transmitían serenidad cuando la brujita dijo:

—Me sabe mal por vosotros, pero no vais a conseguir nada con esto, porque yo tengo una cosa que vosotros no tenéis.

—¿El qué? —preguntó Roberto.

—Amigos —respondió Merlina.

Habían llegado a la parada del colegio. Merlina y Paula bajaron del autobús primero y, en ese momento, algo blanco pasó volando muy cerca de ellos.

Era Bartholomeus. Entre las garras, llevaba la cartera de Merlina.

—Gracias —le susurró la pequeña bruja.

La lechuza le guiñó un ojo.

En ese momento, Anabel y Roberto bajaron del autobús. Y al ver a Merlina con la cartera en el hombro, abrieron unos ojos como platos.

—¿Pero cómo es posible? —gritó Anabel.

—¿A qué te refieres? —preguntó Merlina, tranquilamente.

Paula hacia esfuerzos por contener la risa, cuando los dos hermanos, confundidos como estaban, se fueron sin preguntar nada más. Aunque Merlina oyó que decían:

—¡Esto no acaba aquí!

Cuando estuvieron suficientemente lejos, Paula preguntó, divertida:

—¿Se puede saber qué ha pasado aquí?

—Barthy, desde el sauce, ha visto que mi cartera salía volando del autobús. Y yo he visto que él salía disparado a buscarla. Sabía que lo conseguiría. Es el mejor.

Bartholomeus se aseguró de que nadie pudiera escucharlo y susurró a Merlina:

—Buena suerte con la exa... el exa... lo que sea. —Y, acto seguido, salió volando.

Paula y Merlina se echaron a reír y entraron en el colegio.

—Mmm... —Hizo la pequeña bruja—. Tengo que ir al aula 7, pero no sé dónde está.

—Suele haber un cartelito con el número de cada clase en la puerta —le explicó Paula y miró a su alrededor.

Pero... ¡maldita sea! En lugar del habitual «aula magna», había escrito «aula larga». Donde solía haber el aula 11, ahora había un cartel que indicaba aula 100.000. Y así sucesivamente.

—¡Todos los números están cambiados! —exclamó Paula—. ¡Debe ser otra bromita de Anabel para que llegues tarde!

# CAPÍTULO 19

## *Examinación,* examen o lo que sea

—¿Qué podemos hacer? —preguntó Merlina, desconsolada.

—Vamos a preguntar a la conserje, la señora Julia.

Salieron corriendo a buscar a la conserje, que estaba sentada en la entrada del colegio e iba dando la bienvenida a los alumnos con su habitual tono imperativo:

—¡Eh, Camila, tira el caramelo! ¡Martín, no corras! ¡Ana, no grites!

Merlina no se atrevía a acercarse a ella.

Paula lo intentó.

—¡Buenos día, señora Julia!

La expresión de la conserje cambió y se volvió amable.

—Paula, bonita, ¿cómo estás?

Merlina se quedó patidifusa, mientras su amiga seguía hablando:

—¿Ha visto si alguien ha cambiado todos los carteles de las aulas? Merlina tiene que ir al aula 7 y no sabe cuál es.

—¿Cómo dices? ¿Alguien ha cambiado los carteles? ¡Voy a encontrar al culpable! —exclamó la conserje agitando los brazos.

Cuando se calmó, les dijo:

—El aula 7 es la de los exámenes especiales. Nadie va allí nunca. Está en el último piso, al fondo del pasillo. Pero no te distraigas, los maestros ya están allí. No vayas a llegar tarde.

Las dos muchachas salieron corriendo.

—Ha sido muy amable contigo —comentó Merlina.

—Quizá porque yo también soy amable con ella —respondió simplemente Paula—. Le traigo el periódico cada mañana.

Pero, al llegar al final de la escalera, les esperaba otra sorpresa desagradable.

Todo el suelo del pasillo estaba completamente, íntegramente, totalmente cubierto de canicas de cristal. Miles y miles de canicas de colores.

—¡Esto ya pasa de castaño oscuro! —protestó Paula.

Merlina puso un pie y por poco se cae.

—Imposible pasar… —murmuró desconsolada.

—Imposible pasar *a pie* —dijo Paula con determinación—. ¡Vuela!

La brujita sacudió la cabeza.

—La escoba no me obedece cuando me pongo nerviosa, ya lo sabes.

Paula le cogió las manos.

—Merlina, has conseguido lanzar un hechizo delante de un dragón que había incendiado tu casa. Confío en ti.

Merlina suspiró. Cogió el bolígrafo con el tapón en forma de estrella que llevaba detrás de la oreja. Su varita mágica. Se preparó para pronunciar el hechizo. Podía conseguirlo. Bartholomeus le había traído la cartera. Paula la había ayudado a encontrar el aula. El último paso le tocaba a ella. O, mejor dicho, el vuelo.

La pequeña bruja respiró profundamente y dijo:

Varita mágica, varita soñadora,
transfórmate ya en una escoba voladora.
Hazme volar a caballo del viento,
entre el sol de oro y la luna de argento.

Y la varita se transformó en una escoba voladora.

Merlina saltó encima y cruzó el pasillo volando.

Aterrizó en el otro extremo y, en cuanto se bajó, la escoba volvió a convertirse en un bolígrafo normal y corriente.

Merlina llamó a la puerta.

—¡Adelante! —dijo Elvira, la subdirectora—. Te has retrasado un poco, pero aún puedes hacer el examen.

¡Por suerte había llegado a tiempo! Y eso sin infringir la regla número cuatro para ser una bruja perfecta:

Vuela con prudencia, e incluso con elegancia.

¡Lo había conseguido! ¡Y de qué manera! Su vuelo había sido elegantísimo. Y libre, al fin.

Cuando Merlina salió del aula, Paula la estaba esperando en el otro extremo del pasillo.

—¿Cómo te ha ido?

Merlina levantó las manos mientras sus ojos cogían un tono naranja intensísimo.

—¡Genial!

—¡Hurraaaaa! ¡Seguiremos juntas en clase!

Las chicas se habrían abrazado de no haber sido por las muchísimas canicas que todavía había en mitad del pasillo.

Al sonar el timbre, llegaron también Anabel y Roberto. No esperaban ver a Merlina tan feliz. ¡Y se pusieron verdes de envidia (incluso siendo unos SinMagia)!

—¿Cómo has conseguido superar el pasillo lleno de canicas? —le preguntó Anabel, muy confundida.

—Muy fácil —dijo Paula—. Ha pasado caminando por encima.

Roberto puso los pies sobre las canicas para hacer lo mismo. Pero, como era de esperar, resbaló. Intentó agarrarse a lo primero que encontró. Y encontró a Anabel. La cogió por un brazo y la arrastró con él. Los dos hermanos rodaron por el suelo, sobre las canicas, se cayeron de bruces, resbalaron y continuaron rodando por todo el pasillo, gritando «¡Ay!», «¡Uy!», «¡Auuuuu!».

Al final llegaron justo a los pies de Merlina, que hacía esfuerzos por contener la risa.

—¡Esto es culpa tuya!

—En realidad no —contestó Merlina, muy tranquila—. Es culpa vuestra. Vosotros habéis dejado todas estas canicas por el suelo. Y habéis caído en vuestra propia trampa solitos.

—¡No me lo puedo creer! ¡Lo habíamos preparado para ti, queríamos gastarte una novatada! —gritó Anabel.

En ese momento salió la subdirectora de clase. Elvira se ajustó las gafas de montura fina de color marfil, miró el suelo, luego a Anabel y a Roberto, y dijo con un tono glacial:

—A ver si lo he entendido bien, hermanos Belmonte. ¿Acabáis de decir que habéis hecho esto adrede para gastarle una novatada a vuestra nueva compañera?

Los dos trataron de negarlo, pero Anabel, sin querer, lo había confesado.

La subdirectora se cruzó de brazos.

—Os espera un buen castigo. Para empezar, ya podéis recoger todas estas canicas del pasillo. Es intolerable.

Paula y Merlina intercambiaron una mirada.

¡Victoria!

# CAPÍTULO 20

## Una cena entre buenos vecinos

Después de esa larga semana, por fin había llegado el viernes por la noche. Paula no sabía muy bien qué ponerse para una ocasión tan importante. No encontraba nada que fuera suficientemente adecuado. Que si esto es demasiado elegante, que si lo otro es demasiado normal… Había esparcido sobre la cama todo tipo de camisetas, faldas y vaqueros.

La señora Donato llamó a la puerta.

—Cariño, ¿estás lista? Están a punto de llegar.

Al ver que su hija estaba indecisa, decidió entrar para ayudarla.

—Para elegir cómo vestirte, basta con recordar una sola regla: escoge algo con lo que te sientas cómoda, que no tengas que estar todo el rato comprobando que esté bien.

Paula escogió una falda que siempre le había encantado y una camiseta no demasiado fina. Y, por último, se puso su diadema de la suerte, la roja.

Cuando estuvo lista, bajó con su madre. Lucía había preparado una lasaña y su padre, Manuel, estaba lavando los últimos cubiertos de plata de la vajilla de las grandes ocasiones.

—Qué ideas más raras tienes, cielo —murmuraba el señor Donato—. Con esa casa tan extravagante, la gente que vive allí tiene que ser extravagante por fuerza.

La señora Donato abrió el horno, que dejó escapar una nube de vapor, y no dijo nada.

—¡No son extravagantes! —intervino Paula—. Bueno, quizá sí, un poquito… Pero son agradables. Y también muy interesantes.

Sobre todo, pensó, si no deciden entrar todos por el tejado.

Sonó el timbre.

Paula corrió a abrir y se encontró de frente con Anabel y Roberto, vestidos como si fueran a una cena de gala y seguidos de cerca por sus padres. Se quedó muda de la sorpresa.

Pero luego se dio cuenta de que Alfredo Belmonte, el director del instituto de Villaclara, no parecía realmente Alfredo Belmonte. Y su mujer, Diana, no era tan delgada como la verdadera Diana. Y Roberto tenía los ojos negros y profundos.

—¡Tendrías que verte la cara! —exclamó entonces Anabel, agitando en el aire la varita mágica con la estrella.

Roberto se transformó en Bartholomeus y alzó el vuelo, Anabel se transformó en Merlina y los que había detrás de ella, divertidos, en sus padres.

—Merlina nos ha contado que una broma de vez en cuando es una buena costumbre entre vecinos —dijo su padre, Teodoro. Era un hombre alto, con el mismo pelo negro y rizado que su hija y una perilla puntiaguda. Tenía las manos grandes, pero con un tacto agradable tal como comprobó Paula cuando le estrechó la mano para saludarlo.

La muchacha se recuperó del asombro.

—Bienvenidos a casa —dijo por fin, mirando en todas las direcciones. Afortunadamente sus padres no habían presenciado la escena. Se hizo a un lado para dejar pasar a los invitados—. Como veréis, nuestra casa es exactamente igual que la vuestra, solo que… un poco más pequeña.

—Y definitivamente menos chamuscada —dijo sonriendo la señora Applepot. Era una mujer de pelo negro corvino, ligeramente más alta que su marido—. Gracias por el paquete, Paula.

Las dos chicas se quedaron una junto a la otra, mientras los mayores se presentaban entre ellos. Cogieron los abrigos de los padres de Merlina para colgarlos en el armario y los observaron de lejos mientras se sentaban en el sofá para charlar.

—¿Cómo crees que irá? —susurró Merlina.

—Por ahora no va mal, afortunadamente.

No tardaron en sentarse a la mesa.

—Bueno —dijo en un momento dado el padre de Paula, para romper el hielo—, ¿qué os parece Villaclara?

—Insuperable —respondió alegremente Teodoro—. Nos gusta muchísimo.

Paula reprimió una carcajada. Estaba claro que Merlina había heredado el entusiasmo en la manera de hablar de su padre.

—Hemos vivido en distintos lugares y tenemos que mudarnos a menudo por cuestiones de trabajo —explicó Fiona—, pero tenemos la intención de quedarnos aquí durante un tiempo. El valle es muy agradable, el pueblo es pequeño y, amiga mía, estas lasa*nnnas* están realmente deliciosas.

—Realmente exquisitas —convino Teodoro—. Aunque también estarían bien con una pizca de moco... ¡de *vino*, con una buena copa de vino! —se corrigió rápidamente el gran cocinero, que acababa de recibir un rodillazo de Merlina por debajo de la mesa—. Deliciosas, sí, señor. Absolutamente deliciosas.

—¿Y qué hay de vosotros? —lo ayudó Lucía—. Paula nos ha contado cosas y parece que tenéis profesiones interesantes.

Teodoro se pasó una mano por el rizado y espeso pelo negro.

—Ah, yo voy por todo el mundo a la caza y captura de ingredientes.

—¿A la caza y captura? —se rio el señor Donato—. Qué forma de expresarse tan particular...

—No, para nada, no es una... —intentó explicarse Teodoro, pero antes de recibir el segundo rodillazo, se corrigió él solo—: ¡Sí, sí, lo es! Verdaderamente particular. Los ingredientes se compran, ¿no? Yo cocino, sí. Y mi mujer...

Ella le puso una mano en el antebrazo, tranquila.

—Sé explicarme perfectamente sola, cariño: yo soy exploradora.

—Una de las mejores, si se me permite —continuó él.

—¿Exploradora? Creía que en este mundo ya estaba todo descubierto —observó la señora Donato.

—En este quizá sí —respondió amablemente Fiona—. Pero ni os imagináis los que llega a haber.

La madre de Paula preguntó:

—Y cuando estáis fuera por trabajo, Merlina está con…

Teodoro y Fiona contestaron al unísono:

—¡Con la casa, evidentemente! Le enseña todo lo que hace falta, charlan y tiene todas las armas necesarias para defenderse en caso de ataque.

Hielo. De repente un silencio, largo y profundo, que de lo denso que era podía cortarse como el hielo, inundó la sala.

—¡La tata! ¡Mi tata! —exclamó Merlina levantándose de repente con el vaso en la mano—. ¡Vamos a brindar por la tata!

Y el tema quedó sofocado por el alegre tintineo de los vasos.

Y así fue desarrollándose toda la cena, con Paula y Merlina intentando evitar que los padres de Merlina dijeran cosas demasiado raras, mientras los padres de Paula, poco a poco, empezaban a encontrarlos divertidos, sin más.

Y, finalmente, llegó la hora del postre.

—¿Habéis traído el postre? —preguntó la señora Donato, que no se había dado cuenta.

—Vamos a celebrar que Merlina ha superado el examen —dijo Fiona.

Mientras los demás se levantaban para hacer otro brindis, Teodoro pareció sacarse el postre del bolsillo de su chaleco (y así fue realmente como ocurrió) y, en un abrir y cerrar de ojos, todos tenían una porción en el plato.

Paula y Merlina habían llegado finalmente a un acuerdo. La receta era de bruja, pero los ingredientes eran de personas normales: manzanas frescas en lugar de podridas, mantequilla, azúcar y harina en lugar de mantequilla de berburrocho, azúcar de remolachina y huesos de trogonfio. Y canela en lugar de gusanos.

Estaba deliciosa. Absolutamente deliciosa. Los padres de Paula se sentían casi avergonzados de lo buena que era.

—Realmente excepcional —decía el señor Donato a cada bocado.

—Invitar a cenar a un cocinero..., ya nos perdonará —decía, en cambio, la señora Donato.

Pero tanto Teodoro como Fiona estaban más que satisfechos.

—En realidad —dijeron—, el mérito es de las niñas.

Paula y Merlina intercambiaron una mirada cómplice.

—Lo hemos conseguido —dijo Merlina a Paula un momento antes de salir, mientras los mayores ya organizaban la próxima cena.

—¡Lo has hecho genial!

—¡Gracias a ti!

Las dos amigas entrelazaron los dedos meñiques y se despidieron. Los señores Donato se quedaron en el umbral mirando como los Applepot cruzaban el puente y luego, con un suspiro, entraron a recoger la mesa y la cocina.

—Muy simpáticos —dijo la señora Donato.

—Sí —confirmó el señor Donato—. Solo me preguntaba… ¿Habéis visto esa lechuza vosotras también? Volaba por encima de ellos y en un momento determinado…

—En un momento determinado, ¿qué?

El señor Donato sacudió la cabeza.

—No, nada. Me habré equivocado.

Y llevó los platos a la cocina para lavarlos.

No crees lo que ves, no ves lo que crees: eso es lo que pasa cuando tienes a una joven bruja como vecina.

Y a vosotros, queridos lectores, que habéis llegado hasta aquí, no me queda más que desearos dulces sueños.

Nos veremos en el próximo libro.

# ENCUENTRA TU NOMBRE DE BRUJA O MAGO

# SI ERES UNA BRUJA...

| Inicial de tu nombre | | Inicial de tu apellido | | Mes de nacimiento |
|---|---|---|---|---|
| A | Nereida | A | Recoge- | **Enero** -luna |
| B | Rona | B | Busca- | |
| C | Ámbar | C | Guarda- | |
| D | Clara | D | Salta- | **Febrero** -estrella |
| E | Ágata | E | Come- | |
| F | Estela | F | Coge- | **Marzo** -magia |
| G | Frida | G | Escucha- | |
| H | Sibila | H | Prueba- | **Abril** -arcoíris |
| I | Nicky | I | Encuentra- | |
| J | Iris | J | Descubre- | **Mayo** -nubes |
| K | Tania | K | Levanta- | |
| L | Amanda | L | Juega- | |
| M | Sabrina | M | Huele- | **Junio** -centellas |

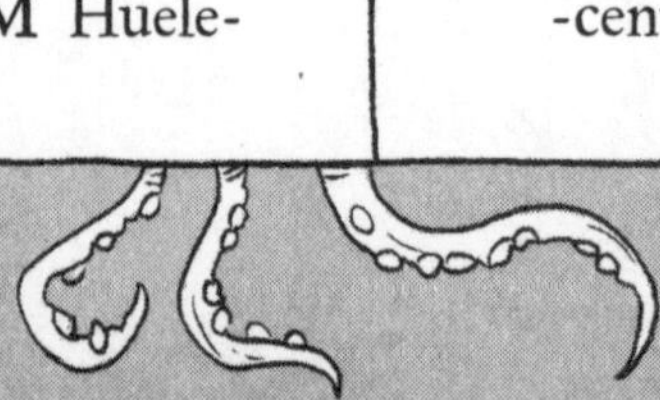

| Inicial de tu nombre | Inicial de tu apellido | Mes de nacimiento |
|---|---|---|
| N Úrsula | N Brilla- | **Julio** -gemas |
| O Cleo | O Gira- | |
| P Lía | P Escoge- | **Agosto** -hechizos |
| Q Ginebra | Q Regala- | |
| R Hermíone | R Siente- | |
| S Morgana | S Viaja- | **Septiembre** -misterio |
| T Valeria | T Vuela- | |
| U Griselda | U Vuelve- | **Octubre** -cielo |
| V Ada | V Ríe- | |
| W Esther | W Espera- | **Noviembre** -relámpago |
| X Mina | X Piensa- | |
| Y Kika | Y Nota- | |
| Z Bea | Z Recuerda- | **Diciembre** -trueno |

# SI ERES UN MAGO...

| Inicial de tu nombre | Inicial de tu apellido | Mes de nacimiento |
|---|---|---|
| A Merlín | A Recoge- | **Enero** -luna |
| B Brad | B Busca- | |
| C Albus | C Guarda- | |
| D Xabaras | D Salta- | **Febrero** -estrella |
| E Severus | E Come- | |
| F Oz | F Coge- | **Marzo** -magia |
| G Arturo | G Escucha- | |
| H Septimus | H Prueba- | **Abril** -arcoíris |
| I Malloy | I Encuentra- | |
| J Dan | J Descubre- | **Mayo** -nubes |
| K Caelan | K Levanta- | |
| L Morgan | L Juega- | |
| M Griffin | M Huele- | **Junio** -centellas |

| Inicial de tu nombre | Inicial de tu apellido | Mes de nacimiento |
|---|---|---|
| N Úrsula | N Brilla- | **Julio** -gemas |
| O Cleo | O Gira- | |
| P Lía | P Escoge- | |
| Q Ginebra | Q Regala- | **Agosto** -hechizos |
| R Hermíone | R Siente- | |
| S Morgana | S Viaja- | **Septiembre** -misterio |
| T Valeria | T Vuela- | |
| U Griselda | U Vuelve- | **Octubre** -cielo |
| V Ada | V Ríe- | |
| W Esther | W Espera- | **Noviembre** -relámpago |
| X Mina | X Piensa- | |
| Y Kika | Y Nota- | **Diciembre** -trueno |
| Z Bea | Z Recuerda- | |

# SI ERES UN MAGO...

| Inicial de tu nombre | Inicial de tu apellido | Mes de nacimiento |
|---|---|---|
| A Merlín | A Recoge- | **Enero** -luna |
| B Brad | B Busca- | |
| C Albus | C Guarda- | **Febrero** -estrella |
| D Xabaras | D Salta- | |
| E Severus | E Come- | |
| F Oz | F Coge- | **Marzo** -magia |
| G Arturo | G Escucha- | |
| H Septimus | H Prueba- | **Abril** -arcoíris |
| I Malloy | I Encuentra- | |
| J Dan | J Descubre- | **Mayo** -nubes |
| K Caelan | K Levanta- | |
| L Morgan | L Juega- | **Junio** -centellas |
| M Griffin | M Huele- | |

| Inicial de tu nombre | Inicial de tu apellido | Mes de nacimiento |
|---|---|---|
| N Ron | N Brilla- | **Julio** -gemas |
| O Cullen | O Gira- | |
| P Torcall | P Escoge- | **Agosto** -hechizos |
| Q Urien | Q Regala- | |
| R Dylan | R Siente- | **Septiembre** -misterio |
| S Torquil | S Viaja- | |
| T Yan | T Vuela- | **Octubre** -cielo |
| U Kasper | U Vuelve- | |
| V Bryan | V Ríe- | **Noviembre** -relámpago |
| W Kevin | W Espera- | |
| X Gavin | X Piensa- | |
| Y Kenneth | Y Nota- | **Diciembre** -trueno |
| Z Sloan | Z Recuerda- | |

# Gisella Laterza

Durante sus estudios en la universidad, empezó a colaborar con el *Corriere della Sera* en la redacción de Bérgamo. Un redactor le aconsejó: «Para hacer bien este trabajo tienes que salir a buscar historias, paso a paso, gastando los zapatos». Desde entonces no ha dejado de escribir y viajar. Posiblemente a pie, y posiblemente se haya perdido.

# Stefano Tambellini

Nació en un pequeño pueblo de la Toscana (Italia). En 2009 se graduó en Animación tradicional manual en el Centro Sperimentale di Cinematografia de Turín y luego se mudó a Londres, donde vivió durante 5 años y empezó su carrera de ilustrador.

Vive con una gata gris llamada Mandragola y combina la ilustración con su trabajo en el mundo del cine y el stop-motion.

# Índice

Esta edición de *Merlina*, de Gisella Laterza, se terminó de imprimir en Grafica Veneta S.p.A. (Italia) en septiembre de 2022.

Duomo ediciones es una empresa comprometida con el medio ambiente. El papel utilizado para la impresión de este libro procede de bosques gestionados sosteniblemente.

PEFC
PEFC/18-31-226

Este libro está impreso con el sol. La energía que ha hecho posible su impresión procede exclusivamente de paneles solares. Grafica Veneta es la primera imprenta en el mundo que no utiliza carbón.

GRAFICA VENETA